Internationales Privatrecht im 20. Jahrhundert

Internationales Privatrecht im 20. Jahrhundert

Der Einfluss von Gerhard Kegel und Alexander Lüderitz auf das Kollisionsrecht

herausgegeben von

Heinz-Peter Mansel

Mohr Siebeck

Heinz-Peter Mansel ist Direktor des Instituts für internationales und ausländisches Privatrecht der Universität zu Köln.

ISBN 978 3-16-153328-0

Die Deutsche Nationalbibliothek verzeichnet diese Publikation in der Deutschen Nationalbibliographie; detaillierte bibliographische Daten sind im Internet über *http://dnb.dnb.de* abrufbar.

Das Buch wurde von Computer Staiger in Rottenburg aus der Stempel Garamond gesetzt, von Gulde-Druck in Tübingen auf alterungsbeständiges Werkdruckpapier gedruckt und von der Buchbinderei Nädele in Nehren gebunden.

Vorwort des Herausgebers

Der Band versammelt die Beiträge, die am 1.12.2012 auf einem Symposium zum Gedenken der hundertsten Wiederkehr des Geburtstages von Gerhard Kegel und der achtzigsten Wiederkehr des Geburtstages von Alexander Lüderitz gehalten wurden. Beide Gelehrte waren Direktoren des Kölner Instituts für internationales und ausländisches Privatrecht. Gegenstand des Symposiums war ihr kollisionsrechtliches Werk.

Klaus Schurig, Passau, würdigt das Schaffen seines Lehrers Gerhard Kegel. Er vereint in sich die Perspektiven des Schülers und des Mitautors, hat er doch seit zwei Auflagen zusammen mit Gerhard Kegel das klassisch zu nennende Kegel'sche IPR-Lehrbuch fortgeführt

Haimo Schack, Kiel, war Mitarbeiter am Kölner Institut, als die Wachablösung im Direktorenamt zwischen Gerhard Kegel und Alexander Lüderitz erfolgte. Er ist als ältester Schüler von Alexander Lüderitz mit beiden Gelehrten vertraut, ein wissenschaftlicher Zeitzeuge beider.

Karsten Otte, Mannheim/Bonn, ist der letzte Schüler von Alexander Lüderitz und berufen, dessen Werk, insbesondere die Verfeinerungen der Interessenlehre, zu beleuchten.

Zu danken ist nicht nur den Referenten, sondern auch der Alexander-Lüderitz-Stiftung und Renate Lüderitz mit ihrer Familie. Die Stiftung hat Alexander Lüderitz testamentarisch verfügt, Renate Lüderitz hat sie eingerichtet. Sie trägt die Last der Stiftungsleitung. Die Stiftung ist auf die Förderung des Auslandsstudiums konzentriert und wirkt sehr segensreich für junge Kölner Studierende und Doktoranden des internationalen Privatrechts. Sie ermöglicht auch die Veröffentlichung dieses Bandes. Im Rahmen der Veranstaltung vom 1.12.2013 wurde der Alexander-Lüderitz-Dissertationspreis an Frau Dr. Susanne Deißner vergeben, die das chinesische interregionale Kollisionsrecht erforscht hat.

Zu danken ist ebenso der Gesellschaft für Auslandsrecht, die Gerhard Kegel 1953 gegründet hat und deren sechzigjähriges Bestehen auf dem Symposium gleichfalls gefeiert wurde. Sie ist der verlässliche Partner, der die Kölner Institutsbibliothek und ihre Datenbanken immer wieder maßgeblich unterstützt, um den Studierenden, Doktoranden, Mitarbeitern wie externen Bibliotheksbenutzern stets aktuelle Quellen zur Verfügung zu stellen. Sie hat gleichfalls die Drucklegung dieses Bandes gefördert.

Angelika Plaßwilm, ehemals Institutssekretariat, und Tobias Lutzi aus dem Kreis der juristischen Institutsmitarbeiter ist für die Betreuung der Drucklegung zu danken.

Köln, im Herbst 2013 Heinz-Peter Mansel

Inhaltserzeichnis

Gerhard Kegel und Alexander Lüderitz

Heinz-Peter Mansel

Im Jahr 2012 gedenken wir der hundertsten Wiederkehr des Geburtstages von Gerhard Kegel.[1] Alexander Lüderitz[2] hätte seinen achtzigsten Geburtstag gefeiert. Die beiden früheren Direktoren des Kölner Instituts für internationales und ausländisches Privatrecht, die von 1950 bis 1998 dem Institut alleine, zeitweise zu zweit vorstanden, haben intensiv im internationalen Privatrecht gearbeitet.

I.

Ihr wissenschaftliches Werk ist Gegenstand dieses Bandes. Es ist das Kollisionsrecht der zweiten Hälfte des 20. Jahrhunderts, das durch ihr Schaffen mitgeprägt wurde. Ein Werk, das aus ihrer Eigenperspektive klar in dem Kollisionsrechtsverständnis verwurzelt ist, das gemeinhin mit dem Namen von Savignys[3] verbunden wird. Beide hatten einen weiten vergleichenden Blick. Für sie ist die völlige Gleichberechtigung der Rechtsordnungen eine Grundgröße. Weder ausufernde Eingriffsnormenmethodik, noch einseitige Kollisionsnormen zugunsten der deutschen *lex fori* wurden befördert. Heimwärtsstreben zum deutschen Recht war zwar willkommen. Wer Gerichtsgutachten zum Auslandsrecht im Institutsauftrag verfassen muss, weiß, dass nichts hilfreicher ist als eine Rückverweisung auf das deutsche Recht. Heimwärtsstreben zum deutschen Recht ist aber kein gedankenleitender Faktor für die Kollisionsnormbildung bei beiden Wissenschaftlern.

---

[1] Zu Gerhard Kegel siehe insbesondere Verein zur Förderung der Rechtswissenschaft (Hrsg.): Akademische Gedächtnisfeier für Gerhard Kegel 19. Januar 2007, 2007, auch im Internet abrufbar unter http://jura-foerderverein.uni-koeln.de/publikationen/gedaechtnisschrift_fuer_gerhard_kegel.pdf. Dort zahlreiche Nachweise.

[2] Zu Alexander Lüderitz siehe insbesondere *Alexander Lüderitz* (19.3.1932–4.7.1998) zum Gedächtnis. Reden anläßlich der Akademischen Gedenkfeier für Herrn Professor Dr. Dr. h.c. Alexander Lüderitz am 4. Juli 2000, 2000, auch im Internet abrufbar unter http://jura-foerderverein.uni-koeln.de/publikationen/2000_gedaechtnis_luederitz.pdf.

[3] Zur Kritik an dieser verkürzenden Kennzeichnung siehe *Schurig*, in diesem Band, S. 5 ff.

Zentral für beider Werk ist die Scheidung von materiellrechtlichen und kollisionsrechtlichen Interessen und die Herausarbeitung der typisierten kollisionsrechtlichen Interessen zur Bestimmung des Anknüpfungspunkts. Wichtiges Ziel ist es, die Anknüpfung so zu gestalten, dass die Rechtssicherheit befördert wird. Insbesondere Alexander Lüderitz war aber offen dafür, auch das Anknüpfungsergebnis in den Blick zu nehmen. Er konnte deshalb alternativen Anknüpfungen und der Rechtswahl mehr abgewinnen, als es Gerhard Kegel konnte.

Die IPR-Reform des Jahres 1986 ist geprägt durch Gerhard Kegel; er hat die Bausteine gehauen und poliert, die das Normengebäude bilden. Die Kegel'sche Leiter der Anknüpfung ist ein feststehender Begriff. Erst nahezu 35 Jahre später diskutiert der Deutschen Rat für Internationales Privatrecht, dem Gerhard Kegel lange Zeit vorsaß, ob eine neue Anknüpfungsleiter für das Ehewirkungsrecht geschaffen werden muss.[4]

Die Kodifikation des internationalen Sachenrechts des Jahres 1999 baut auf dem Gutachten Alexander Lüderitz' für den Deutschen Rat für IPR[5] auf.

II.

Alexander Lüderitz wurde am 19.3.1932 in Göttingen geboren. Sein rechtswissenschaftliches Studium absolvierte er an den Universitäten Köln und Lausanne. Bei Gerhard Kegel promovierte er über *Kumulation und Grundsatz des schwächeren Rechts im internationalen Privatrecht*.[6] Als Assistent am Kölner Institut für internationales und ausländisches Privatrecht und nach einem Forschungsaufenthalt in Berkeley, der am Anfang einer jahrzehntelangen Verbindung mit der Law School der University of California, Berkeley, stand, habilitierte er sich 1965 an der Kölner Fakultät bei Gerhard Kegel. Sein großes Werk untersuchte die *Auslegung von Rechtsgeschäften*[7] in rechtsvergleichender Sicht.

Alexander Lüderitz wurde 1966 Nachfolger von Gerhard Schiedermair an der Universität Frankfurt am Main. Im Jahr 1971 wurde er nach Köln zurückberufen. 1978 wurde er Direktor des Kölner Instituts für internationales und ausländisches Privatrecht. Einen Ruf an die Universität Heidelberg lehnte er

[4] Vgl. *Mansel*, IPRax 2013, 200 sowie *Coester-Waltjen*, FamRZ 2013, 170; StAZ 2013, 10; *Coester*, IPRax 2013, 114; ZEV 2013, 115.

[5] *Lüderitz*, Die Beurteilung beweglicher Sachen im internationalen Privatrecht (1969), in: *Lauterbach* (Hrsg.): Vorschläge und Gutachten zur Reform des deutschen internationalen Personen- und Sachenrechts, 1972, S. 185 ff.

[6] Kumulation und Grundsatz des schwächeren Rechts im internationalen Privatrecht, Köln 1957.

[7] Auslegung von Rechtsgeschäften. Vergleichende Untersuchung angloamerikanischen und deutschen Rechts, Karlsruhe 1966.

ab. Das Institut leitete er bis zu seiner Emeritierung; kurz danach verstarb er im Jahr 1998.

Sein schlankes IPR-Lehrbuch, das aus Anlass der IPR-Reform 1986 erschien, war auf das Wesentliche konzentriert. Der studierende Leser sollte die Grundprinzipien und die kollisionsrechtliche Methode verstehen. Nicht ein Anhäufen von Detailwissen, sondern Befähigung zu kollisionsrechtlichem Denken war das Ziel des Lehrbuchs.

III.

Gerhard Kegel wurde am 26.6.1912 in Magdeburg geboren; er wuchs in der Uckermark auf. Er studierte von 1930 bis 1933 Rechtswissenschaft in Erlangen, Göttingen und Berlin, promovierte bei Ernst Rabel 1936 in Berlin mit einer Dissertation über *Probleme der Aufrechnung – Gegenseitigkeit und Liquidität.*

Er habilitierte sich in Köln im Sommersemester 1946 mit seinem Beitrag zu dem 1941 erschienen Werk über *Die Einwirkung des Kriegs auf Verträge.* Gerhard Kegel wurde durch den weitsichtigen Dekan Hans Carl Nipperdey zuerst als Fakultätsassistent, dann – nach seiner Habilitation – auf einer Diätendozentur (zum 1.9.1947) angestellt. Er gehörte der Kölner Fakultät seit dem 6.12.1945 bis zu seinem Tod am 26.2.2006 an.

Zur Abwendung eines auswärtigen Rufs und des drohenden, später erteilten Rufs auf den Hamburger Lehrstuhl von Leo Raape wurde er am 1.5.1950 zum ordentlichen Professor für internationales Recht an der Universität zu Köln und zum Direktor des neuen Instituts für internationales und ausländisches Privatrecht berufen.

IV.

In diesem Band geht es also um die Vermessung des Werks beider Wissenschaftler und die Frage, ob es auch in Zeiten der Ablösung des nationalen durch das europäische Kollisionsrecht bestand hat: Taugt das IPR des 20. Jahrhunderts für das 21. Jahrhundert? Das ist die Frage.

Das Fundament trägt noch

Klaus Schurig

A. Das Fundament

I. Begriff

Wenn ich diesen Vortrag unter das Motto stelle: „Das Fundament trägt noch" – gemeint ist natürlich das des internationalen Privatrechts –, dann schulde ich zunächst Aufklärung darüber, was ich unter diesem Fundament verstehe. Es ist ein *Bild,* wie vieles im sonst vielleicht zu abstrakt wirkenden IPR. Etliche dieser Bilder sind überflüssig, allenfalls ausmalend, manchmal witzig[1]. Andere stehen für ein *Modell,* etwa die *„engste Verbindung"*[2], der *„Sitz des Rechtsverhältnisses"*, und so soll auch das *„Fundament"* verstanden werden. Modelle sind ein bewährtes Mittel der Wissenschaft; selbst die Physik arbeitet überwiegend mit ihnen.

Das Fundament des IPR, wie es sich bis zum Ende des letzten Jahrhunderts entwickelt hat, besteht aus einer Verbindung von *dogmatischen, systematischen* und *logischen* Elementen mit *rechtspolitischen Grundentscheidungen.* Es ist nicht vom Himmel gefallen und wurde auch nicht aus dem Geistesblitz eines einzigen Denkers geboren. Wer heute noch von *„Savignys* IPR" spricht, führt in die Irre.

---

[1] Als witzig wird überwiegend der gern zitierte Vergleich von *Prosser* empfunden, der das IPR mit einem „düsteren Sumpf" voller „waberndem Morast" vergleicht, der von „exzentrischen" und „unverständlichen" Professoren bewohnt wird (Zitat und Nachweise auch weiterer mehr oder weniger gelungener Bilder bei *Schurig,* Kollisionsnorm und Sachrecht, 1981, S. 20). Wer sich um strukturelle Klarheit des IPR bemüht, wird sich diesen Schuh freilich kaum anziehen.

[2] Sie ist nur die Hülle für das Ergebnis der Abwägung aller kollisionsrechtlichen Interessen und hat keine selbstständige inhaltliche Bedeutung, wie etwa *Rühl,* Statut und Effizienz, 2011, S. 358 f., offenbar meint. S. auch unten zu Fn. 61. Es gibt deswegen auch keinen Gegensatz zwischen diesem Bild und der Einbeziehung ökonomischer Erwägungen. Auch der von *Michaels,* Die europäische IPR-Revolution, in: FS Kropholler, 2008, S. 151–173 (S. 169–171), konstruierte Gegensatz zwischen der „Methode der engsten Verbindung" und der „EU-Methode" existiert in dieser Form nicht.

Sich auf dem Fundament zu bewegen bedeutet nicht, in ein starres Denkschema eingebunden zu sein. Die genannten Elemente sind auf verschiedenste Weise *kombinierbar* und lassen einen weiten rechtspolitischen Spielraum. Dennoch mehren sich Stimmen von Autoren, die hier fortschreitende Erosion[3] oder gar den Abbruchhammer am Werk sehen. Von einer neuen „europäischen IPR-Revolution"[4] ist auch schon die Rede. Ich halte das für übertrieben und plädiere dafür, zunächst einmal die vorhandenen Bausteine für eine Erklärung eventueller neuer Erscheinungen zu nutzen.

Für dieses Vorhaben möchte ich die Entstehung dessen, was ich das Fundament des heutigen IPR nenne, noch einmal im Zeitraffer Revue passieren lassen.

II. Die „Kopernikanische Wende"

Bekanntlich kam im Mittelalter in Oberitalien der Gedanke auf, dass es nicht angemessen sein kann, immer nur das eigene (Stadt-)Recht anzuwenden, sondern dass man die Rechtsordnung heranziehen muss, *„die stärker und nützlicher erscheint"*[5]. Was das genau heißen sollte, ist zwar bis heute ungeklärt, doch war der Keim gelegt für das, was man später *Statutenlehre* genannt hat, nämlich das Bemühen, jeder Rechtsregel einen räumlichen Anwendungsbereich zuzuweisen. Die Suche nach den passenden Kriterien schlug viele Wege – auch Irrwege – ein, versuchte zeitweise, sich an den (eher zufälligen) Wortlaut der Vorschriften zu klammern und mündete schließlich in die schematische Dreiteilung nach *„statuta realia, personalia* und *mixta"*[6].

Richtig ist also, dass man sich bemüht hat, den räumlichen Anwendungsbereich der Rechtsnormen aus deren Charakter heraus zu bestimmen. Falsch – und häufig verkannt – ist dagegen, dieses mit dem später so genannten „unilateralistischen" Ansatz beim vom jeweiligen Gesetzgeber zu bestimmenden „Geltungsanspruch" der Norm gleichzusetzen. Denn dieser Gedanke setzt schon die *„autonomistische"* Vorstellung voraus, dass jeder Staat sein Kollisionsrecht selbst bestimmen kann. Die Statutenlehre aber ging von *universell* richtigen und theoretisch auch erkennbaren Regeln für den Anwendungsbereich aller Nor-

---

[3] Vgl. *Kühne,* Methodeneinheit und Methodenvielfalt im Internationalen Privatrecht – Eine Generation nach „Kollisionsnorm und Sachrecht", in: Michaels/Solomon (Hrsg.), Liber Amicorum Klaus Schurig, 2012, S. 129–146. Er nimmt im Ergebnis ein neues „plurales Methodenverständnis" an (S. 144); von „Methodenpluralismus" spricht auch *Michaels* (Fn. 2), S. 166 f.

[4] *Michaels* (Fn. 2), S. 151 („eine echte IPR-Revolution"), S. 166 f. („echte Revolution"). *Kühne* (Fn. 3) zitiert einen „Paradigmenwechsel" (S. 142), spricht selbst (S. 143) allerdings nur von „Akzentverschiebungen".

[5] Zu diesem Satz des Magister Aldricus z.B. *Kegel/Schurig,* Internationales Privatrecht, 9. Aufl. 2004, S. 167; Nachweise zum Streit über seine Bedeutung bei *Schurig* (Fn. 1), S. 111 zu Fn. 263.

[6] Näher *Kegel/Schurig* (Fn. 5), S. 173 f.; *Schurig* (Fn. 1), S. 109–115.

men aus[7]. Deswegen war es an sich strukturell unerheblich, ob man insoweit bei der Norm oder bei dem geregelten Sachverhalt ansetzte (was durchaus auch schon gelegentlich vor *Savigny* geschah).

Savigny erkannte schließlich – im Anschluss an andere –, dass der Schematismus der Statutenlehre – insbesondere mit ihrer Dreiteilung – viel zu wenig Raum für Differenzierungen ließ. Er suchte nach einem besseren Argumentationsansatz und fand ihn schließlich im *Rechtsverhältnis*, dessen *„Sitz“* zu bestimmen sei; und zwar müsse *„bei jedem Rechtsverhältnis dasjenige Rechtsgebiet aufgesucht werden, welchem dieses seiner eigentümlichen Natur nach angehört oder unterworfen ist“*[8]. Das eröffnete dem kollisionsrechtlichen Denken neue rechtspolitische Perspektiven. Es ging aber noch immer um die richtige Verknüpfung der anzuwendenden *Normen* mit einem entsprechenden Vorgang. Den „Lebenssachverhalt“ nahm *Savigny* – anders als bis heute immer wieder behauptet wird – gerade *nicht* zum Ansatz, sondern das *Rechtsverhältnis* als solches, das offenbar als ein *abstrakt vorexistierendes*, schemenhaftes Rechtsgebilde verstanden wurde, das durch das Recht an seinem „Sitz“ erst noch konkrete Ausgestaltung erfahren musste[9]. Aus diesem Grund konnten für *Savigny* Rechtsverhältnisse, die dem eigenen Recht als solche fremd waren, gar nicht erst Gegenstände kollisionsrechtlicher Anknüpfung sein. Sie waren schlicht zu *ignorieren*[10].

Einen *Bruch* mit der bisherigen kollisionsrechtlichen Frage sah *Savigny* darin nicht. Für ihn ging es bei den verschiedenen Ansätzen um zwei Seiten derselben Medaille. Lassen wir ihn selbst sprechen: *„Diese Verbindung* [der Rechtsregeln mit den Rechtsverhältnissen] *erscheint, von der einen Seite betrachtet, als Herrschaft der Regeln über die Verhältnisse, von der anderen Seite als Unterwerfung der Verhältnisse unter die Regeln“*[11]. Es gehe darum, *„für jedes positive Recht das Gebiet seiner Herrschaft zu bestimmen, das heißt, die Grenzen zu ziehen zwischen den verschiedenen positiven Rechten gegen einander“*[12]. *„Beide Arten, die Frage aufzufassen, sind nur im Ausgangspunkt verschieden. Die Frage selbst ist hier und dort dieselbe, und die Entscheidung kann in beiden Fällen nicht verschieden sein.“*[13] Und weiter: *„Für die Rechtsregeln wird gefragt: Über welche Rechtsverhältnisse sollen sie herrschen? Für die Rechtsverhältnisse: Welchen Rechtsregeln sind sie unterworfen oder angehörig?“*[14]

---

[7] Näher *Schurig* (Fn. 1), S. 109–115 m. Nachw.

[8] *Savigny*, System des heutigen Römischen Rechts, Bd. 8, (1849/Nachdruck 1946), S. 28, 108.

[9] Vgl. dazu *Schurig* (Fn. 1), S. 81, 274; *Kegel/Schurig* (Fn. 5), S. 184. Vielleicht ist das auch bei *Michaels* (Fn. 2), S. 155, gemeint („Das Rechtsverhältnis ging seiner Regelung durch den Staat vor [...]“).

[10] *Savigny* (Fn. 8), S. 33, 37 f.

[11] *Savigny* (Fn. 8), S. 1.

[12] *Savigny* (Fn. 8), S. 2.

[13] *Savigny* (Fn. 8), S. 3.

[14] *Savigny* (Fn. 8), S. 3.

Nach einer „kopernikanischen Wende“ hört sich das nicht an[15]. Dieses Etikett hat *Savignys* Ansatzerweiterung erst die Nachwelt angeheftet, und es ist wohl mehr der Sehnsucht mancher Juristen nach wirklich bedeutenden „Entdeckungen“ geschuldet, wie es sie in der Physik gibt, aber in der Jurisprudenz eigentlich nicht geben kann.

Hier soll gleich auch noch mit der Legende aufgeräumt werden, die sich in der zweiten Hälfte des letzten Jahrhunderts unter dem Einfluss der sogenannten politischen Schule herausgebildet hat und die bis heute bei etlichen Autoren unausrottbar erscheint[16]. Sie besagt, dass das so konzipierte IPR *unpolitisch* und *staatsfern* sei und materielle Zielsetzungen nicht berücksichtigen könne, schon gar nicht Zielsetzungen wirtschaftspolitischer oder sozialer Art[17].

Dabei wird übersehen, dass Savigny die von ihm umschriebene Methode nur auf solche Gesetze anwenden wollte, *„deren besondere Natur einer so freien Behandlung der Rechtsgemeinschaft unter verschiedenen Staaten“* nicht widerstrebt[18]. Das machte geschätzt allenfalls die Hälfte der Menge zivilrechtlicher Normen aus. Daneben standen die *„Gesetze von streng positiver, zwingender Natur“*, die *„erlassen werden nicht lediglich um der Personen willen, welche Träger der Rechte sind“*. Sie können beruhen auf *„sittlichen Gründen“* und solchen des *„öffentlichen Wohls“*, haben zum Beispiel *„politischen“*, *„polizeilichen“* oder *„volkswirtschaftlichen“* Charakter. Sie tragen ihren kollisionsrechtlichen Anwendungsbefehl in sich selbst, haben *„die Natur eines Gesetzes über die Collision [...], welches stets unbedingt befolgt werden muss“*[19]. Der Vergleich mit den heute diskutierten „Eingriffsnormen“ drängt sich auf[20]; doch war das Feld ein viel *weiteres*[21], obwohl solchen Normen eine „anomale Natur“ zugeschrieben wurde. Weite Bereiche des Familien- und Erbrechts, des zwingenden Vertragsrechts und das gesamte Deliktsrecht sollten dazugehören, ferner – auch das war *Savigny* – alle damaligen Vorschriften zur Diskriminierung der Juden.

Aber auch die „freie“ Hälfte der Zivilrechtsnormen war einer Wirkungskontrolle nicht völlig entzogen. Denn von der kollisionsrechtlichen Zuordnung ausgeschlossen waren *„Rechtsinstitute eines fremden Staates, deren Dasein in dem*

---

[15] A. M. *Michaels* (Fn. 2), S. 154 („eine echte kopernikanische Revolution“).

[16] Z. B. in letzter Zeit *Rühl* (Fn. 2), S. 178–182 und öfter. – Zur Entstehung dieser Vorstellung *Schurig* (Fn. 1), S. 16–19. Nach *Michaels* (Fn. 2), S. 155, hat *Savignys* Ansatz das „Verständnis des IPR“ „privatisiert“. Mir ist nicht klar, was damit gemeint ist.

[17] Gegen dieses Vorurteil aber neuerdings wieder entschieden *Köhler,* Eingriffsnormen – Der „unfertige Teil“ des europäischen IPR, 2013, S. 41–46.

[18] *Savigny* (Fn. 8), S. 32 f.

[19] *Savigny* (Fn. 8), S. 35–38, 130.

[20] Nach *Lehmann,* Auf der Suche nach dem Sitz des Rechtsverhältnisses: Savigny und die Rom I-Verordnung, in: FS Spellenberg, 2010, S. 245–260, 256, „mag“ das „aus heutiger Sicht erstaunen“. Aber nur diejenigen, die den kolportierten Verkürzungen von „*Savignys* System“ Glauben geschenkt haben.

[21] Mir scheint das bei *Michaels* (Fn. 2), S. 155, nicht genügend berücksichtigt zu sein.

unsrigen überhaupt nicht anerkannt ist, die also deswegen auf Rechtsschutz in unserem Staate keinen Anspruch haben"[22]. Auch hierüber konnten unliebsame fremde Normen ausgesperrt werden. Die ihm angedichtete „Augenbinde" hat *Savigny* nie getragen.

Es war gleichwohl ein entscheidender Aufbruch, aber weitere Baumeister waren nötig, um das Fundament des modernen IPR zu errichten. Auf keinen Fall ist es mit diesem ersten Entwurf identisch. „*Savignys* IPR" ist nicht das unsere.

III. Einbindung aller Sachnormen

Die herausragende Figur des nächsten Aktes ist der geniale und viel zu früh verstorbene *Franz Kahn,* bis heute leider von vielen Autoren ignoriert. Bereits er hat den *Savigny*'schen Ansatz in ganz entscheidender Weise umgebaut. Hatte *Savigny* bereits klargestellt, dass es auf dasselbe hinausläuft, ob man beim „Rechtsverhältnis" oder beim Gesetz ansetzt, so zog *Kahn* jetzt daraus die Konsequenzen. Entscheidend war, dass jeder Staat *autonom* bestimmen konnte, die Normen aus welcher Rechtsordnung auf welchen Sachverhalt anwendbar waren. Internationale und rechtsvergleichende Aspekte waren dabei zu beachten, das „*Interesse des internationalen Verkehrs*", die „*Rücksichten der internationalen Rechtsicherheit*", das Ideal „*internationaler Entscheidungs-(Gesetzes-)harmonie*" – aber eben durch den die Kollisionsnorm setzenden Staat *selbst*[23]. Ein Gefüge überstaatlicher, universell vorgegebener Kollisionsnormen, von dem noch die Statutenlehre ausgegangen war und das manche auch weiterhin als wahren Ursprung des IPR ansahen, wurde als Fantasieprodukt entlarvt. *Kahns* pointierte Auseinandersetzung etwa mit *von Bar* (dem alten) ist noch heute äußerst lesenswert[24].

Diese „*autonomistische*" Sicht des IPR – damals wurde sie „nationalistisch" genannt, doch hat der Begriff heute Schlagseite – hat sich inzwischen so gut wie unangefochten durchgesetzt.

Aus der Gleichwertigkeit der beiden Ansätze folgte, dass der Staat für *jede* Sachnorm, sei es eine eigene, sei es eine fremde, bei Bedarf eine passende Kollisionsnorm zu bilden hat. Um es mit *Kahn* zu sagen: „*Für jedes Gebilde des materiellen Privatrechts entstehen eigene und besondere Formen des internationalen; jede Sachnorm wirft sozusagen ihren privatinternationalen Schatten.*"[25] Und weiter: „*Jede Kollisionsnorm gilt nur für einen solchen Kreis von Sachnor-*

[22] *Savigny* (Fn. 8), S. 37.

[23] Näher *Schurig* (Fn. 1), S. 122–130.

[24] *Kahn,* Über Inhalt, Natur und Methode des internationalen Privatrechts, in: Lenel/Lewald (Hrsg.), Abhandlungen zum internationalen Privatrecht, Bd. 1 (1928), S. 255–326, 274. Kernpassage abgedruckt bei *Schurig* (Fn. 1), S. 123.

[25] *Kahn* (Fn. 24), S. 293. Näher dazu *Schurig* (Fn. 1), S. 129.

men, welche denjenigen, die bei der Entstehung und Entwicklung der Kollisionsnorm Pate gestanden haben, einigermaßen homogen sind.“[26] Trifft das für bestimmte Sachnormen nicht zu, gleich ob in- oder ausländische, so „*ist damit die privatinternationale Untersuchung für diese Sachnormen nicht etwa beendigt, sondern sie fängt erst an. Wir haben nun zu forschen, welche andere Kollisionsnorm hier gilt.*“[27] Das gipfelt in der Aussage: „*Die Sachnorm ist sowohl Ausgangspunkt wie Endpunkte der Überlegung.*“[28]

Wer danach noch die Mär verbreiten konnte, das IPR beachte den Inhalt des Sachrechts nicht, muss dies alles übersehen oder missachtet haben.

In drei wichtigen Bereichen ließ schon *Kahn* „*Savignys* IPR“ weit hinter sich:

1. Es geht *nicht* um den Sitz eines abstrakt vorgegebenen Rechtsverhältnisses, denn einen „*naturnotwendigen Inhalt des Rechtsverhältnisses*“ gibt es nicht. „*Die Natur der Rechtsverhältnisse, aus der wir alle Sätze des internationalen Privatrechts abstrahieren*“, hat selbst „*ihre Quelle in den einzelnen Territorialrechten*“[29]. Daher kann es sogar „*häufig vorkommen, dass für Rechtsverhältnisse verschiedener Territorien ein verschiedener privatinternationaler ‚Sitz‘ abzuleiten ist, obgleich diese Rechtsverhältnisse eine weitgehende Wesensverwandtschaft haben*“[30].
2. Deshalb sind auch *unbekannte Rechtsverhältnisse* internationalprivatrechtlich nicht zu ignorieren. Zwar kann es sein, dass sie nicht unter die vorhandenen Kollisionsnormen passen. Dann muss man eben neue bilden. Denn allen Kollisionsnormen wohnt nach *Kahn* etwas *Subsidiäres* und *Relatives* inne: Subsidiär in dem Sinn, dass sie der Bildung abweichender spezieller Normen nicht im Wege stehen, relativ, weil sie sich nur beziehen auf einen mehr oder weniger bestimmt umschlossenen Kreis von Sachnormen[31]. Weiterentwicklung und Verfeinerung des Anknüpfungssystems muss das Programm sein, denn (so wörtlich): „*allein in ein halbes Dutzend Sätze destillieren lässt sich das internationale Privatrecht ebenso wenig wie das materielle*“[32].
3. Eine Klasse von Sachnormen, die sich der *kollisionsrechtlichen Anknüpfung* generell *entziehen* (wie *Savignys* Gesetze von „streng positiver, zwingender Natur“ oder die später so genannten „*Prohibitivgesetze*“) gibt es nicht. „*Keines unserer Gesetze, mag es noch so fundamental sein, verlangt exklusive,*

---

[26] *Kahn,* Bedeutung der Rechtsvergleichung in Bezug auf das internationale Privatrecht, in: Abhandlungen (wie Fn. 24), S. 491–503, 501.

[27] *Kahn* (Fn. 24), S. 317; *ders.,* Die Lehre vom ordre public (Prohibitivgesetze), in: Abhandlungen (wie Fn. 24), S. 161–254.

[28] *Kahn* (Fn. 24), S. 300.

[29] *Kahn,* Gesetzeskollisionen, in: Abhandlungen (wie Fn. 24), S. 1–123, 95–100.

[30] *Kahn* (Fn. 29), S. 97; *ders.* (Fn. 24), S. 316.

[31] *Kahn* (Fn. 27), S. 252; *ders.* (Fn. 24), S. 296.

[32] *Kahn* (Fn. 24), S. 293.

> *absolute Anwendung.*"[33] Es geht einzig und allein um die Wahl der richtigen (abweichenden) Anknüpfung. *„Ist die Anknüpfung wenig intensiv und für das betreffende Rechtsverhältnis relativ unwichtig, so können Gesetze, die von der fundamentalsten Bedeutung für das ganze Staatsleben sind, gleichwohl auf ihre Anwendung verzichten. Ist umgekehrt die Anknüpfung von großer Intensität oder von spezieller Bedeutung für ein so geartetes Rechtsverhältnis, so wird ein Gesetz von vielleicht ganz geringfügiger Wichtigkeit doch niemals einer ausländischen Norm den Vortritt lassen.*"[34] Dass es dabei auf Inhalt und Ausrichtung der betreffenden *Sachnorm* oder auch, wie *Kahn* sagt, das *„gesellschaftliche Interesse"* an ihrer Anwendung ankommt, ist eine Selbstverständlichkeit.

Die Aufgabe sei generell, *„die im Strome des Lebens schwimmenden Rechtsgebilde aufzufangen und in sichere Hut zu nehmen"*[35].

Wir sehen: Schon *Kahns* IPR ist nicht mehr *„Savignys* IPR". Aus Stückwerk ist eine homogene Methode geworden.

IV. Kollisionsrechtliche Interessen

Zur Weiterentwicklung und Verfeinerung des Kollisionsrechts braucht man allerdings eine *Richtungsvorgabe.* Diese setzt die Erkenntnis voraus, welche *Kräfte* bei der Bildung der vorhandenen Norm am Werk waren und welche bei der Frage, ob und wie eine neue Anknüpfungsnorm zu bilden ist, den Ausschlag geben. In dieser Hinsicht war das bisherige Vorgehen noch eher intuitiv und unstrukturiert.

Hier kommt nun der Name unseres virtuellen Jubilars ins Spiel: *Gerhard Kegel* hatte beobachtet, wie solche Kräfte im materiellen Recht durch die *Interessenjurisprudenz* erkennbar gemacht wurden, die sich dort durchgesetzt hatte (und – in „Wertungsjurisprudenz" umgetauft – bis heute weitgehend unangefochten ist). Dies bildete den Zündfunken für die Idee, dass solche Interessen auch bei der Gestaltung des internationalen Privatrechts wirksam sein müssten. Nur konnten es nicht dieselben sein wie im materiellen Recht. Es waren Interessen, die auf die Anwendung des Rechts eines bestimmten Landes *als solche* gerichtet waren, diesem war dann die Bewertung der materiellen Interessen zu überlassen. Das heißt, die kollisionsrechtlichen Interessen zielten *nicht* auf das Ergebnis in der *Sache*[36].

---

[33] *Kahn* (Fn. 27), S. 183, 187, 213 f., 222.

[34] *Kahn* (Fn. 27), S. 222, Beispiele S. 168–173.

[35] *Kahn* (Fn. 27), S. 251.

[36] Grundlegend *Kegel,* Begriffs- und Interessenjurisprudenz im internationalen Privatrecht, in: FS Lewald, 1952, S. 259–289. Über Vorläufer *Schurig* (Fn. 1), S. 134 f. Vgl. auch *Kegel/Schurig* (Fn. 5), S. 131–161.

Das wurde und wird häufig dahin missverstanden, dass die Sachnormen für die kollisionsrechtlichen Interessen ohne Bedeutung seien. Aber das ist falsch. Materielle Normen sind der *Rohstoff des internationalen Privatrechts,* sie gehören – auch nach *Kegel* – zum *Tatbestand* der Kollisionsnorm. Kollisionsrechtliche Interessen sind *getrennt* von sachrechtlichen, aber nicht *unabhängig* von ihnen. Änderungen sachrechtlicher Normen und der darin enthaltenen Bewertungen sachrechtlicher Interessen können auf das IPR *durchschlagen,* indem sie andere kollisionsrechtliche Interessen *implizieren*[37]. Kritik an der Interessenlehre beruht häufig auf dem mangelnden Verständnis dieser Zusammenhänge.

Mit dem Versuch, die kollisionsrechtlichen Interessen zu katalogisieren, hat *Kegel* sie in drei *Hauptkategorien* eingeteilt: *Partei-, Verkehrs-* und *Ordnungsinteressen*[38]. Dabei geht es zunächst um die Interessen der *konkret Beteiligten,* sodann der *potentiell Beteiligten* und schließlich der gesamten *Rechtsgemeinschaft.* An dieser Einteilung entzündet sich bis heute gelegentlich Kritik[39]. Sie ist unberechtigt.

Zunächst einmal sind diese Kategorien *nicht* als *abschließend* gedacht. So können gelegentlich auch Interessen des *Staates* im Spiel sein[40]; aber auch Interessen an einem bestimmten *materiellen Ergebnis* können zumindest mittelbar gefördert werden, hauptsächlich durch Anknüpfungshäufung[41].

Die Angriffe gegen diese Interessenlehre sind besonders heftig von Seiten derer, die – im Anschluss weitgehend an *Larenz* – in Interessen, insbesondere in Parteiinteressen, lediglich *„individuelle Begehrenspositionen“* sehen wollen, die darauf gerichtet sind, *materiell* zu obsiegen[42]. Verkehrs- und Ordnungsinteressen seien *„trägerlos“*[43] und in Wahrheit *Wertungen,* die man nicht mit ihrem Gegenstand, den „Begehrungsinteressen“ vermengen dürfe.

Wie weit dies für das materielle Recht zutrifft, soll hier nicht erörtert werden. Für das *IPR* verfehlt die Kritik ihr Ziel. Nicht die Vermengung ist hier das Problem, sondern die künstliche Aufspaltung.

Es mag angehen, wenn man die Verkehrs- und Ordnungsinteressen als Wertungen von den „Begehrensvorstellungen“ abschichtet, solange es um *materielles* Recht geht. Denn dieses kocht sozusagen im „eigenen Saft“, es ist nicht unbedingt nötig, sich Gedanken über die Träger der „Wertvorstellungen“ zu

---

[37] *Schurig* (Fn. 1), S. 210–213.

[38] *Kegel* (Fn. 36), S. 270–279; s. auch *Kegel/Schurig* (Fn. 5), S. 134–145.

[39] Frühe Kritiker bei *Schurig* (Fn. 1), S. 136 f. Ausführlich *Flessner,* Interessenjurisprudenz im internationalen Privatrecht, 1990; dagegen *Schurig,* Interessenjurisprudenz contra Interessenjurisprudenz im IPR, RabelsZ 59 (1995), 229–244. Kritik in neuerer Zeit wieder aufgegriffen von *Schinkels,* Das internationalprivatrechtliche Interesse, in: FS von Hoffmann, 2011, S. 390–404.

[40] *Kegel/Schurig* (Fn. 5), S. 148–150.

[41] *Kegel/Schurig* (Fn. 5), S. 145 f.

[42] Z. B. *Flessner* (Fn. 39), S. 55–58; *Schinkels* (Fn. 39), S. 392–398.

[43] *Schinkels* (Fn. 39), S. 398–400.

machen. Im *internationalen Raum* ist das anders. Man muss sich nur einmal fragen, ob einem Leichtigkeit und Sicherheit der Rechtsanwendung in Deutschland nicht wichtiger ist als etwa in Kasachstan. Auch an der Umsetzung der sogenannten Werte besteht ein *räumlich definiertes Interesse der Rechtsgenossen.* Denn im Recht wird nichts durchgesetzt, von dem nicht Menschen *wünschen,* dass es durchgesetzt werde. Die „Werte", die dem Rechtsverkehr oder der Rechtsgemeinschaft als solchen dienen, wie etwa Vorhersehbarkeit, Übersichtlichkeit, Kontinuität, Widerspruchsfreiheit, Durchsetzbarkeit, dienen in globaler Sicht einem *bestimmten* Rechtsverkehr, einer *bestimmten* Gemeinschaft von Rechtsgenossen und können diesen darum auch als Interessen zugeordnet werden. Deren Träger sind alle potentiell Betroffenen oder alle Rechtsgenossen dieser Gemeinschaft.

Manche wollen als *Partei*interessen nur solche zulassen, die auf ein *konkretes materielles* Ergebnis gerichtet sind[44]. Deswegen müssten sie zwingend jedes Mal zur *Rechtswahl* führen, die dies ermögliche[45].

Dabei wird übersehen, dass wir es in nahezu allen Fällen mit einem *Geflecht* von Interessen zu tun haben. Denen der einen Partei stehen regelmäßig die der anderen entgegen, Verkehrs- und Ordnungsinteressen werden berührt. Deswegen können nicht in jedem einzelnen Fall die Parteiinteressen empirisch erhoben werden; die Rechtsordnung muss mit *präsumtiven* und *typisierten* Interessen arbeiten[46]. Das ist im materiellen Recht nicht anders. Käme es in jedem Einzelfall nur auf die konkreten „Begehrensvorstellungen" einer Partei an, hätte man sich das Kaufrecht, das Mietrecht, ja das ganze BGB weitgehend sparen können.

Erst recht kann und darf man die kollisionsrechtlichen Interessen nicht mit *Curries „Governmental Interests"* in einen Topf werfen, wie dies immer noch gelegentlich geschieht[47]. Bei den Ersteren handelt es sich um die bei der Kollisionsnormbildung wirkenden Kräfte, vergleichbar mit *Vektoren.* Die Letzteren *sind* Kollisionsnormen, allerdings auf unilateralistischer Basis. Dazu gleich noch.

Die Kritik geht ins Leere. *Kegels* Interessenlehre ist und bleibt ein Eckpfeiler des modernen IPR.

V. Bündelungsmodell

Auf der Basis dieser drei Erkenntnisstufen kann man nun versuchen, noch tiefer in Struktur und Funktionalität der Kollisionsnormen einzudringen und die dabei gewonnenen Einsichten bei deren Bildung und Anwendung sowie zur Erklärung verschiedener Phänomene nutzbar zu machen.

---

[44] Z. B. *Flessner* (Fn. 39), S. 50–58; *Schinkels* (Fn. 39), S. 392–398.

[45] Vgl. *Schinkels* (Fn. 39), S. 403 f.

[46] *Schurig* (Fn. 1), S. 96 f.

[47] Ansatzweise bei *Schinkels* (Fn. 39), S. 400, der der Lehre *Curries* ein „vergleichsweise geringeres Irreführungspotential" bescheinigt. Richtig dagegen *Michaels* (Fn. 2), S. 156.

Im Anschluss an *Savigny* ist davon auszugehen, dass es *gleichwertig* ist, ob man zur kollisionsrechtlichen Verknüpfung beim Sachverhalt oder beim Gesetz ansetzt, solange man nur *selbst* entscheidet[48] (hier bietet sich der Begriff der *Äquipollenz* an: wechselseitige Ersetzbarkeit unbeschadet des Wahrheitswertes). Ob man (demnächst) sagt: „Ein Erblasser mit gewöhnlichem Aufenthalt in Österreich wird nach österreichischem Recht beerbt" oder: „Österreichisches Erbrecht ist anzuwenden, wenn ein Erblasser gewöhnlichen Aufenthalt in Österreich hatte", ist ein und dasselbe. Und *Kahn* hat gezeigt, dass keine Sachnorm aus dem IPR herausfällt, dass dieses vielmehr in der Lage sein muss, nicht nur jeden Sachverhalt mit den kollisionsrechtlich richtigen Normen zu verknüpfen, sondern auch *potentiell* – im Rahmen der Zuständigkeit – für jede *Norm* in der Welt, inländische wie ausländische, den *kollisionsrechtlichen Anwendungsbereich* festzulegen.

Um solche Erkenntnisse für das Verständnis der herkömmlichen allseitigen Kollisionsnormen nutzbar zu machen – die ja nicht nur ein einziges Gesetz sondern viele betreffen –, muss man diese gedanklich sozusagen in ihre *„atomare"* Struktur zerlegen. Auch das ist nur ein Modell wie in der Physik, aber hier wie dort hilfreich. Die *Elemente* sind lauter kollisionsrechtliche Einzelverknüpfungen individueller Sachnormen mit den zugehörigen Tatbeständen *(Element-Kollisionsnormen).* Welche Verknüpfung die richtige ist, ergibt sich aus den *kollisionsrechtlichen Interessen.* Das ist deren *erste Funktion*[49].

Zur Bildung der bekannten weiter greifenden Kollisionsnormen werden diese gedachten Elementkollisionsnormen nun in verschiedener Weise zusammengefasst, man kann sagen *„gebündelt".* Hier wird die *zweite Funktion* der kollisionsrechtlichen Interessen wirksam. Sie sind nicht nur innerer Grund für die Verknüpfung, sondern liefern zugleich die *Bündelungskriterien,* sind der „Kitt", der die Kollisionsnorm zusammenhält[50].

„Gebündelt" werden immer solche Kollisionsnormen, die *auf einer einander ähnlichen kollisionsrechtlichen Interessenabwägung beruhen, welche stets zu demselben Ergebnis, nämlich zu derselben abstrakten Anknüpfung, führt.* Die Bündelung erfolgt einmal in sachlicher Hinsicht *(vertikal)* und betrifft dann regelmäßig einander auch materiell nahestehende Normen. Die dabei benutzten Systembegriffe bilden aber nur den Schirm, unter dem diese Elementanknüpfungen versammelt werden. Er kann größer sein wie im Erbrecht, wo kaum noch weiter unterschieden wird, oder enger, wie in den verschiedenen Gebieten des Familienrechts. So entstehen in bestimmten Bereichen mehr oder weniger differenzierte Kollisionsnormen. Sie können auch ganz schmal sein, sich sogar nur auf eine einzelne Regel beziehen.

---

[48] *Schurig* (Fn. 1), S. 89 f., 92.

[49] *Schurig* (Fn. 1), S. 94–102, 106 f.; *Kegel/Schurig* (Fn. 5), S. 316–318.

[50] *Schurig* (Fn. 1), S. 102–108; *Kegel/Schurig* (Fn. 5), S. 313–316.

Derselbe Vorgang findet auf internationaler Ebene in Bezug auf die Rechtsordnungen der verschiedenen Länder statt. Auch da entscheidet die Ähnlichkeit der maßgeblichen Einzelanknüpfungen, ob und wie die Verweisungen auf – wiederum einander regelmäßig auch materiell ähnliche – Normen anderer Rechtsordnungen *(horizontal)* gebündelt werden. Das Ergebnis sind im Idealfall *allseitige Kollisionsnormen,* aber auch beschränkt allseitige oder einseitige (bei denen Verweisungen auf fremdes Recht nicht einbezogen sind). Passt eine fremde Sachnorm wegen ihrer besonderen materiellen und dadurch implizierten kollisionsrechtlichen Interessen in *keine* der etablierten Bündelungen, können wir sie trotzdem berufen, wenn uns das kollisionsrechtlich angemessen erscheint. Die besondere Anknüpfung fremder sogenannter *Eingriffsnormen* etwa lässt sich auf diese Weise ganz zwanglos begründen[51].

Ein solches Modell hilft bei vielen Problemen. Bei der *Qualifikation* beispielsweise muss in Zweifelsfällen das Bündel aufgeschnürt und die Norm gegebenenfalls, wenn und weil sie andere kollisionsrechtliche Interessen impliziert, einem anderen Bündel zugeschlagen oder auch gänzlich neu angeknüpft werden[52].

Die Vorteile dieser Sicht im Einzelnen darzustellen, fehlt leider die Zeit. *Mankowski* hat das jüngst in sehr überzeugender Weise getan, worauf ich hier verweisen kann[53].

Eine weitere Besonderheit des Kollisionsrechts muss aber noch erwähnt werden, weil sie zunehmend eine Rolle spielt, aber häufig nicht in ihrem Wesen erkannt wird.

Auch *Kollisionsnormen* der einzelnen Staaten sind Recht, das von den anderen Staaten, also auch von uns, als solches *zur Kenntnis genommen* werden muss. Deshalb stellt sich wie beim materiellen Recht die Frage, das *Kollisionsrecht welchen Staates wir anzuwenden* haben. Es gibt also Kollisionsnormen für Kollisionsrecht; diese habe ich einmal – *faute de mieux* – *Kollisionsgrundnormen* genannt[54].

Die Wahl der Kollisionsgrundnormen hat ein hohes Gestaltungspotenzial. Im Prinzip gibt es *vier Möglichkeiten:*

1. Angesetzt wird immer beim eigenen IPR. Dabei kann man es belassen. Das Ergebnis sind *Sachnormverweisungen.* Fremdes Kollisionsrecht wird niemals angewandt.

---

[51] *Schurig* (Fn. 1), S. 39–41; *Kegel/Schurig* (Fn. 5), S. 324.

[52] *Schurig* (Fn. 1), S. 222–226; *Kegel/Schurig* (Fn. 5), S. 348 f. S. auch die Würdigung von *Mankowski,* Das Bündelungsmodell im Internationalen Privatrecht, in: Liber Amicorum Schurig (wie Fn. 3), S. 159–179, 161.

[53] *Mankowski* (Fn. 52), mit eingehenden Nachweisen.

[54] *Schurig* (Fn. 1), S. 73–77; *Kegel/Schurig* (Fn. 5), 50 f.

2. Man kann ein *System spezieller Kriterien* entwerfen, das von den Anknüpfungen der eigentlichen Kollisionsnormen gänzlich unabhängig ist. Einen solchen Versuch hat 1934 *Eckstein*[55] unternommen. Er hat aber – wohl auch wegen zu großer Kompliziertheit – keinen Widerhall gefunden.
3. Man kann die Anknüpfungen der Kollisionsgrundnormen *parallel* zu denen für die Sachnormen gestalten. Das läuft auf die Beachtung der *Rück- und Weiterverweisung* hinaus.
4. Während bei den letzten beiden Modellen die Kollisionsgrundnormen *gezielt* auf das Kollisionsrecht jeweils eines bestimmten Landes verweisen, gab es immer wieder Vorschläge, in denen *ungezielte* Kollisionsgrundnormen eine Rolle spielten. Es waren dies die *unilateralistischen* Modelle: Jeder Staat sollte in Bezug auf *sein* Recht und nur auf dieses selbst entscheiden, wann es anzuwenden sei. Die anderen Staaten hätten dem im Prinzip zu folgen. Probleme waren vorprogrammiert, sollen hier beiseite bleiben[56]. Es handelte sich meist um *theoretische* Konstrukte. Spuren gab es im *französischen* IPR, das System der Anerkennung *wohlerworbener Rechte* beruhte darauf und auch die *Governmental Interests Curries* gehören hierzu[57], die im amerikanischen IPR eine Ära der Verwirrung gestiftet haben. Verwiesen wird insoweit ungezielt auf das Kollisionsrecht eines *jeden Staates* in der Welt oder wenigstens innerhalb einer bestimmten Gruppe, jedoch nur bezogen auf dessen eigenes Recht.

Damit haben wir eine Bestandsaufnahme der Werkzeuge, mit denen man im IPR arbeiten kann, und deren Gesamtheit bezeichne ich als sein Fundament.

Dessen angebliche Bedrohungen soll nun im Einzelnen gesichtet werden.

B. Die Bedrohungen

I. Vorbemerkung

Den entscheidenden Wendepunkt fort vom sogenannten klassischen IPR soll vor allem die *Europäisierung* gesetzt haben[58].

---

[55] *Eckstein,* Die Frage des anzuwendenden Kollisionsrechts., RabelsZ 8 (1934), S. 121–147. Vergleiche dazu *Schurig* (Fn. 1), S. 73 m. w. Nachw.

[56] Näher *Schurig* (Fn. 1), S. 29–32, 76–78, 288–296 m. w. Nachw.; *Kegel/Schurig* (Fn. 5), S. 322 f.

[57] Näher dazu *Schurig* (Fn. 1), S. 23–25, 297–307, 324; Vgl. auch *Kegel/Schurig* (Fn. 5), S. 199.

[58] Eine anschauliche Zusammenstellung gibt *Kühne* (Fn. 3), dessen Einteilung hier im Wesentlichen gefolgt wird. Er sieht unter den neueren Entwicklungen die „Europäisierung“ als am „umfassendsten“, die anderen Problemkreise zum Teil in sich aufnehmend (S. 134); vgl. auch S. 142.

Als Gegenstand der Abkehr wird nach wie vor regelmäßig „*Savignys* IPR“ genannt, so als habe es die Entwicklung der letzten 150 Jahre nicht gegeben. *Savigny* wird zum Säulenheiligen des IPR, *Kahn* meistens vergessen[59]. In einem Beitrag wird allen Ernstes darüber spekuliert, was *Savigny* wohl zur Rom I-VO sagen würde[60]. Das Bild von der „*engsten Verbindung*“ verselbständigt sich[61], wird fast zum Fetisch. Dass es nur ein *Kürzel* ist für die jeweils für maßgeblich gehaltene *Konstellation kollisionsrechtlicher Interessen,* fällt unter den Tisch. Was dann aber bleibt, ist in Wahrheit nichts als eine Leerformel.

Modernes IPR hat das permanent zum Vergleich herangezogene angeblich „*Savignys*“ IPR weit hinter sich gelassen. Dieses kennzeichnet *nicht* das IPR der Gegenwart – auch nicht das „voreuropäische“ –, wenn es denn überhaupt jemals wirklich „*Savignys*“ gewesen sein sollte[62].

Eine Bewertung der zeitgenössischen Entwicklungen ist nur möglich, wenn man die Vergleichsgrößen richtig setzt.

II. Europäisierung

Die *Anhebung der Zuständigkeit* zur Setzung von IPR-Normen auf eine höhere (überstaatliche, europäische) Ebene ändert zunächst einmal überhaupt nichts an deren Struktur[63], ebenso wenig wie dies der Fall war, als im Jahre 1900 die entsprechende Rechtssetzungsbefugnis von den deutschen Staaten auf das Reich überging.

Soweit behauptet wird, das europäische IPR nähere sich einer „*föderalen*“ Struktur an[64], kann ich das nicht erkennen. An der Qualität der Kollisionsnormen auch im Verhältnis der Mitgliedstaaten zueinander würde dies allerdings ohnehin nichts ändern.

---

[59] Z. B. kommt er bei dem Überblick, den *Rühl* (Fn. 2) im Kapitel „Theorien und Schulen“ gibt, überhaupt nicht vor. Stattdessen gibt es einen Sprung von *Savigny* unmittelbar zur „politischen Schule“. Damit fehlt einer sachgerechten Beurteilung die Basis. Etwas einseitig auf *Savigny* abstellend auch *Weller*, Anknüpfungsprinzipien im Europäischen Kollisionsrecht: Abschied von der „klassischen“ IPR-Dogmatik, IPRax 2011, S. 429–437 (436 f.).

[60] *Lehmann* (Fn. 3). Auch hier werden die übrigen Baumeister des Systems keines Blickes gewürdigt.

[61] Vgl. nur den von *Michaels* (Fn. 3), S. 169–171, konstruierten Gegensatz und „Methodenkonflikt“ zwischen der „Methode der engsten Verbindung“ und der „EU-Methode“, s. auch S. 171 f.

[62] Vgl. *Schurig* (Fn. 1), S. 16 f. Daher geht es heute auch nicht um eine „Besinnung auf *Savigny*“ (*Kühne* [Fn. 3], S. 146) oder um einer Rückkehr zur „*méthode savigniénne*“ (*Weller* [Fn. 59], S. 430).

[63] Vergleiche auch *Mankowski* (Fn. 52), S. 169. Desgleichen bleiben die zu lösenden Probleme im Wesentlichen dieselben, vgl. z.B. *Solomon,* Die Anknüpfung von Vorfragen im Europäischen Internationalen Privatrecht, in: FS Spellenberg, 2010, S. 355–370. Dagegen für grundlegende Veränderung im Sinne einer „echten IPR-Revolution“, die sich „nicht so leicht in das klassische IPR integrieren lässt“, *Michaels* (Fn. 2), S. 157 f.

[64] *Michaels* (Fn. 2), S. 158 f., s. auch S. 161 („quasiföderal“).

Allerdings geistert die Vorstellung herum, das primäre Europarecht verteile *Rechtssetzungszuständigkeiten*[65], und was in diesem Rahmen geschähe, müssten alle Mitgliedstaaten „anerkennen". Vielleicht ist das auch gemeint mit der Aussage, Kollisionsnormen mutierten von *Ver*weisungs- zu *Zu*weisungsnormen, das IPR würde „abgelöst durch ein Verfassungsrecht gegenseitiger Anerkennung"[66]. Abgesehen davon, dass der EU *selbst* die Kompetenz fehlte, solche Kompetenzen zuzuweisen[67], gibt es überhaupt keine Basis für eine derartige Annahme, die an die überwundene „internationalistische Schule" erinnert, nur diesmal auf die EU beschränkt[68]. Und irgendeinen Nutzen hätte das auch nicht.

Auch wird die Tatsache angeführt, dass die EU-Staaten einander kollisionsrechtlich anders – nämlich besser – behandeln als andere Staaten[69]. Ferner wird weitgehend der *renvoi* abgeschafft, weil man ihn innerhalb der Gemeinschaft nicht mehr braucht – und sich weigert, zur Kenntnis zu nehmen, dass auch die Welt außerhalb ein Kollisionsrecht besitzt[70]. Ein *prinzipiell neues* IPR entsteht dadurch nicht; es wird nur der glücklicherweise überwundene nationale Provinzialismus durch einen europäischen ersetzt.

III. Materialisierung

Einen Einbruch in das „*klassische*" IPR – verstanden als „*Savignys* IPR" – sehen manche in dem Umstand, dass Kollisionsrecht insbesondere im europäischen Rahmen oft dazu dient, materiellrechtliche Tendenzen, staatliche Regelungsinteressen, Wettbewerbsgleichheit und Ähnliches durchzusetzen[71]. Aber auch

---

[65] Vgl. *Sonnenberger*, Eingriffsrecht – Das trojanische Pferd im IPR oder notwendige Ergänzung? IPRax 2003, S. 104–116 (114). Auch *Funken*, Das Anerkennungsprinzip im internationalen Privatrecht, 2009, S. 267, scheint durch solche Bilder in die Irre geleitet zu sein. Überzeugend gegen solche Tendenzen *Köhler* (Fn. 17), S. 299.

[66] *Michaels* (Fn. 2), S. 163, auch 161 („[Quasi-]Konstitutionalisierung"), 171 f. (statt Verweisungsnormen Zuweisungsnormen).

[67] Vgl. *Köhler* (Fn. 17), S. 300 f.

[68] Vgl. *Köhler* (Fn. 17), S. 302. Näher zur internationalistischen Schule *Schurig* (Fn. 1), S. 121–124, 188–192.

[69] Vgl. *Michaels* (Fn. 2).

[70] Kritisch *Schurig*, Eine hinkende Vereinheitlichung des internationalen Ehescheidungsrechts in Europa, in: FS von Hoffmann, 2011, S. 405–414 (412 f.); *ders.*, Das internationale Erbrecht wird europäisch, in: FS Spellenberg, 2010, S. 343–353 (347–349). (Der Totalausschluss des *renvoi* wurde in der Endfassung der ErbrechtsVO etwas halbherzig wieder zurückgenommen.) Zum Ganzen siehe *Solomon*, Die Renaissance des Renvoi im Europäischen Internationalen Privatrecht, in: Liber Amicorum Schurig (wie Fn. 3), S. 237–263.

[71] *Kühne* (Fn. 3), S. 146, spricht von der „Indienstnahme auch des IPR für die Förderung des EU-Binnenmarkts". Diese Förderung erfolgt allerdings in erster Linie durch eine Vereinheitlichung und in zweiter Linie durch Beachtung gesamteuropäischer Ordnungsinteressen bei der Normbildung. Das ist nichts Ungewöhnliches und fand früher nur eher im Bereich der Abkommen statt – *Michaels* (Fn. 2), S. 160 f., räumt ein, dass die „Berücksichtigung von öffentlichen Interessen und Anreizen", etwa das „Ziel des Umweltschutzes" oder des Verbraucherschutzes, auch „mit dem klassischen IPR" nicht „unverträglich" sei. Das ist völlig richtig:

das ist nichts Neues. Die *zirkuläre Interaktion* zwischen Sachrecht und Kollisionsrecht ist lange bekannt. Sachnormen gehören zum Tatbestand der Kollisionsnormen, und die verfolgten sachrechtlichen Interessen implizieren kollisionsrechtliche Interessen. Diese wiederum bestimmen Anknüpfung und gegebenenfalls Bündelung. Ändert sich die Sachnorm oder ändert sich auch nur ihre rechtspolitische Zielsetzung (einschließlich gesellschafts- und wirtschaftspolitischer Art), kann dies andere kollisionsrechtliche Interessen und damit Veränderung oder Neubildung der Kollisionsnorm auf den Plan rufen[72].

IV. Eingriffsnormen

So gilt auch für die sogenannten Eingriffsnormen (die materiell ohnehin nicht definierbar sind[73]), und zwar inländische wie ausländische[74], dass sie durch *besondere materielle Zielsetzung andere kollisionsrechtliche Interessen implizieren,* deshalb in die überkommenen Bündelungen nicht passen. Dann müssen dafür *neue* Anknüpfungsnormen entwickelt werden. Ich kann diesen Vorgang hier nicht noch einmal ausbreiten[75], er lässt sich aber ohne weiteres in das moderne IPR integrieren.

Die Frage ist, ob das auch für *europäische* IPR-Normen wie Art. 9 Abs. 1–3 Rom I-VO gilt. *Mankowski,* der dem von mir aufgezeichneten System an sich sehr wohlwollend gegenübersteht[76], meint, dass es hier an seine Grenzen stoße; der Ansatz sei mit Abs. 1 der Vorschrift „schlechterdings nicht mehr zu vereinbaren“[77].

In dieser wird in der Tat der Versuch unternommen, die „Eingriffsnormen“ zunächst *inhaltlich zu definieren,* und ihre – schon von *Kahn* abgelehnte – *un-*

Auch IPR-Normen haben und hatten wie alle Normen eine rechtspolitische Ausrichtung; die Ziele können sich ändern und die Normen mit ihnen: Die Grundstruktur des Systems wird dadurch nicht berührt. Als das „entscheidend Neue“ bleibt dann allerdings nur noch, dass diese Interessen nunmehr „im Recht der EU“ „gefunden“ werden müssen (a. a. O.). Das ist nichts als die Folge der schon oben (B II) erwähnten Übertragung auf eine höhere Zuständigkeitsebene, vielleicht völker- und staatsrechtlich, aber nicht kollisionsrechtlich „revolutionär“.

[72] Dazu schon *Schurig* (Fn. 1), S. 18 f., 21, 276–279, 282–287. Zustimmend wohl auch *Kühne* (Fn. 3), S. 138 (zu Fn. 52).

[73] *Schurig,* Zwingendes Recht, „Eingriffsnormen“ und neues IPR, RabelsZ 54 (1990), S. 217–250 (227 f.). Noch einmal nachdrücklich bestätigt bei *Köhler* (Fn. 17), S. 34, 39 und öfter.

[74] Nach *Kühne* (Fn. 3), S. 140, geht es dabei um eine der „bemerkenswertesten dogmatischen Entwicklungen des IPR der letzten Jahrzehnte“; in ihr stecke „der explosivste methodische und rechtspolitische Sprengstoff für das überkommene IPR-System“ (S. 145).

[75] Näher *Schurig* (Fn. 1), S. 246–248, 316–330; *ders.,* Lois d'application immédiate und Sonderanknüpfung zwingenden Rechts: Erkenntnisfortschritt oder Mystifikation?, in: Holl/Klinke (Hrsg.), Internationales Privatrecht, Internationales Wirtschaftsrecht, 1983, S. 55–76; *ders.,* (Fn. 73); *Kegel/Schurig* (Fn. 5), S. 150–158, 308–310, 324 f. Dem folgend z.B. *Köhler* (Fn. 17), S. 68–102.

[76] *Mankowski* (Fn. 52).

[77] *Mankowski* (Fn. 52), S. 169.

bedingte (das heißt im Übrigen voraussetzungslose) Anwendbarkeit im Staat wird postuliert. Drittstaatlichen Eingriffsnormen, die im Staat gerade des *Erfüllungsortes* gelten, „*kann*" unter Umständen „*Wirkung verliehen werden*", wobei „*Art und Zweck dieser Normen sowie die Folgen berücksichtigt*" werden.

Misslungene Vorschriften machen noch keinen Wandel, und diese ist misslungen[78]. Eingriffsnormen sind auch im Rahmen von Abs. 1 nur anzuwenden, wenn und soweit die besondere sachrechtliche Zielsetzung entsprechende kollisionsrechtliche Interessen impliziert[79]; alles andere gibt keinen Sinn. Und für drittstaatliche Eingriffsnormen gilt dasselbe[80]: Wenn die bewerteten kollisionsrechtlichen Interessen die Anwendung solcher Normen im Inland tragen oder gebieten, dann muss nichts mehr „verliehen" werden, dann ist die Norm anzuwenden. Das gilt nicht nur für Normen aus dem Staat des Erfüllungsortes[81], sondern generell; eine entgegengesetzte Sperrwirkung ist der Vorschrift nicht zu entnehmen[82] und wäre auch ein unsinniger Rückschritt. „Art, Zweck und Folgen" der besonderen Norm fließen bereits *vorher* in die *Interessenbewertung* ein; danach besteht kein irgendwie geartetes Ermessen mehr.

Vertiefen kann ich das hier nicht. Ich möchte statt dessen auf die jüngst erschienene Abhandlung von *Köhler* verweisen, der es gelingt, das für richtig erkannte System der „gesonderten Anknüpfung" eins zu eins auf die europäische Ebene zu übertragen, mit der Maßgabe, dass die entsprechenden Interessen und Wertungen dem *europäischen* IPR zu entnehmen oder in ihm zu entwickeln sind[83].

---

[78] Nach *Kühne* (Fn. 3), S. 140, soll Art. 9 „die erstmalige Legaldefinition der Eingriffsnorm" bieten und deren Anwendung bindend vorschreiben. „Erstmalig" vielleicht, aber bestimmt nicht „erstklassig". In schlichtem Deutsch sagt die Norm: „Unabhängig vom Vertragsstatut anzuwenden sind die Normen, die so wichtig sind, dass sie unabhängig vom Vertragsstatut anzuwenden sind". Das Einzige, was die Vorschrift „regelt", ist, dass die europäische Verordnung so etwas nicht *verbietet* – eigentlich eine Selbstverständlichkeit; s. auch *Köhler* (Fn. 17), S. 124 f. Die schwammige „Definition" kann richtigerweise auch nicht als abschließend bewertet werden; ausführlich und einleuchtend dazu *Köhler* (Fn. 17), S. 22, 24 f., 126 f., 147 f. Wo in solch einer Norm ein „erhebliches Europäisierungspotential" (*Kühne* [Fn. 3], S. 144) stecken soll, kann ich nicht sehen.

[79] Eingehend *Köhler* (Fn. 17), S. 103–167.

[80] *Köhler* (Fn. 17), S. 168–291 (insbes. 187, 209). Zusammenfassend *ders.*, Die Berücksichtigung ausländischer Eingriffsnormen im Europäischen Internationalen Vertragsrecht, in: Binder/Eichel (Hrsg.), Internationale Dimensionen des Wirtschaftsrechts, 2012, S. 199–222.

[81] Ein Begriff, der ohnehin sehr weit auszulegen ist, *Köhler* (Fn. 17), S. 211–215 (betr. „Erfüllung"), S. 215–235 (betr. Erfüllungs*ort*).

[82] Eingehend begründet bei *Köhler* (Fn. 17), S. 264–298.

[83] *Köhler* (Fn. 17). Auch die Art. 9 Rom I-VO und Art. 16 Rom II-VO finden eine angemessene Interpretation. Die rundum überzeugende Arbeit lässt m.E. nur die Bewertung zu, dass die Probleme der Eingriffsnormen im europäischen IPR nunmehr als im Wege einer methodischen und systematischen Kontinuität gelöst angesehen werden können.

V. „Anerkennungsprinzip"

Ein wesentlich härterer Brocken ist das in manchen Beziehungen auf europäischer Ebene aufgetauchte sogenannte *Anerkennungsprinzip* und mit diesem verwandt – sofern nicht als einfache Kollisionsnorm formulierbar – das *Herkunftslandprinzip.* In einigen Fällen hat der EuGH postuliert, dass Rechtspositionen, die in einem Mitgliedsland gewährt werden, in den anderen Mitgliedsländern *„anerkannt"* werden müssen, ein Begriff, der sich bisher nur auf Entscheidungen und andere Hoheitsakte bezog[84]. So muss ein in Belgien lebender belgisch-spanischer Doppelstaater auch den Namen führen dürfen, den er nach spanischem Recht tragen darf[85], und eine in London eingetragene Briefkastenfirma mit ausschließlichen Kontakten zu Dänemark muss in Dänemark als existente Gesellschaft nach englischem Recht behandelt werden[86].

Wie weit diese Möglichkeit noch ausgedehnt werden wird, bleibt einstweilen ungewiss. Ein umfassendes Konzept liegt darin noch lange nicht[87].

Dieses *„Anerkennungsprinzip"* wird von manchen als etwas total Neues, vom überkommenen IPR Abweichendes angesehen[88]. Daran ist etwas Richtiges, solange man nicht die systemimmanenten Möglichkeiten, mit verschiedenen *Kollisionsgrundnormen* zu spielen, hinzunimmt. Es handelt sich nämlich um eine neue Abart des *unilateralistischen* Kollisionsrechts[89]: Verwiesen wird

---

84 Es wird versucht, das neue „Anerkennungsprinzip" an die alte Anerkennung anzunähern, indem als eine Art Ankerpunkt irgendein behördlicher Akt, etwa eine Registrierung, verlangt wird; vgl. *Leifeld,* Das Anerkennungsprinzip im Kollisionsrechtssystem des internationalen Privatrechts, 2010, S. 129, 180 und öfter. Ob sich das allgemein durchsetzt, bleibt abzuwarten.

85 EuGH, Rs. C-148/02 (Garcia Avello), Slg. 2003, I-11613; fortgeführt in EuGH, Rs. C-353/06 (Grunkin Paul), Slg. 2008, I-07639.

86 EuGH, Rs. C-212/97 (Centros), Slg. 1999, I-1459 (eingehend dazu *Schurig,* Unilateralistische Tendenzen im europäischen Gesellschaftskollisionsrecht, oder: Umgehung als Regelungsprinzip, in: Liber amicorum Kegel, 2002, S. 199–221). Auf derselben Linie EuGH, Rs. C-167/01 (Inspire Art), Slg. 2003, I-10155, und EuGH, Rs. C-208/00 (Überseering), Slg. 2002, I-9919.

87 Vgl. die gründliche und von berechtigter Skepsis beseelte Würdigung von *Sonnenberger,* Anerkennung statt Verweisung? Eine neue internationalprivatrechtliche Methode?, in: FS Spellenberg, 2010, S. 371–391. *Michaels* (Fn. 2), S. 163, meint hingegen, „radikal verstanden" ermögliche das Anerkennungsprinzip „die Entwicklung eines ganzen IPR-Systems". Das wäre dann ein komplett unilateralistisches System, aber sicher ausschließlich für die Mitgliedstaaten untereinander. Es wird eine reine Kopfgeburt bleiben.

88 Z. B. *Funken* (Fn. 65), S. 25, 36, 46 f., 71 f., 82 f. und öfter; *Michaels* (Fn. 2), S. 161–165 (163: „Das klassische IPR würde vollständig abgelöst durch ein Verfassungsrecht gegenseitiger Anerkennung"). Wohl auch in der Tendenz *Kühne* (Fn. 3), S. 143. Guter Überblick bei *Leifeld* (Fn. 84), S. 135–180.

89 Eingehend *Schurig* (Fn. 86); s. auch *ders.,* Das deutsch-amerikanische internationale Gesellschaftsrecht im Fahrwasser des europäischen?, in: Liber Amicorum Peter Hay, 2005, S. 369–379. Zustimmend *Leifeld* (Fn. 84), S. 216. In der Sache dasselbe meinen dürfte *Michaels* (Fn. 2), S. 163, wenn er von einer „verkappten Theorie wohlerworbener Rechte" spricht. – Diese strukturelle Tatsache wird von *Funken* (Fn. 65), S. 266–268, mit der Behauptung ab-

ungezielt zwar nicht auf alle Kollisionsrechte der Welt, aber auf alle Kollisionsrechte *der EU*. Wenn ein Mitgliedstaat die eigenen Sachnormen für anwendbar hält, dann müssen die übrigen dem folgen. Unter mehreren anwendbaren Rechten setzt sich dasjenige durch, dass die weitestgehende Rechtsposition verleiht. Ob noch begrenzende Kriterien zu entwickeln sind, ist offen.

Wenn man im multilateralistischen und im unilateralistischen IPR zwei verschiedene Methoden sieht, ist hier in der Tat ein in seiner Reichweite noch unbestimmter *Methodendualismus* entstanden. Nur ist auch dieser mit dem Arsenal des vorhandenen IPR-Werkzeugs erklärbar. Am Fundament rüttelt er nicht.

VI. Parteiautonomie

Das Vordringen der *Parteiautonomie* wird ebenfalls als ein Einbruch in das „klassische“ IPR angesehen[90]. Begründet wird das u.a. damit, dass die Rechtswahl durch die Parteien mitunter als „Verlegenheitslösung“ bezeichnet wurde[91], was angeblich „durchaus im pejorativen Sinne“ zu verstehen sei[92], während sie doch „innerhalb der allgemein-kollisionsrechtlichen Methodik“ inzwischen „den *Rang eines Grundprinzips* habe“[93].

---

getan, Unilateralismus bedeute ein System staatlicher Kollisionsnormen, die auf der Rechtsfolgenseite nur die Anwendung der eigenen Sachnormen vorsähen. Diese seien jedoch „obsolet“, „wenn eine Anerkennungsregel den [...] Vorgang einem bestimmten Staat zuordnet, der damit als (alleiniger) Ursprungsstaat der Rechtslage anzuerkennen ist“. Das ist eine Kombination verschiedener Irrtümer: 1. Wird das Wesen des Unilateralismus falsch verstanden, das im Vorhandensein ungezielter Kollisionsgrundnormen liegt. Konkurrierend daneben kann es durchaus auch allseitige Kollisionsnormen geben, die jedenfalls anzuwenden sind, wenn die auf Mitgliedstaaten beschränkte ungezielte Verweisung ins Leere geht. 2. Wird offenbar von einer Art zuständigkeitsrechtlicher Regelungszuweisung durch das Europarecht ausgegangen, die es nicht gibt (oben zu Fn. 65–67). 3. Ist es für die Struktur solcher Kollisionsgrundnormen völlig gleichgültig, ob sie direkt im Europarecht wurzeln oder – was näher liegt – in europarechtlichen Vorgaben folgenden staatlichen Normen.

[90] *Kühne* (Fn. 3), S. 134–136. *Schinkels* (Fn. 39), S. 403, sieht darin sogar einen Beweis für das Scheitern des auf kollisionsrechtlichen Interessen basierenden Modells.

[91] So *Kegel*, in: *Kegel/Schurig* (Fn. 5), S. 653, und sämtlichen Vorauflagen. Auf dieser Bemerkung reitet fast jeder herum, der heute über die Rechtswahl schreibt.

[92] *Kühne* (Fn. 3), S. 136. In Wahrheit wird mit der Bezeichnung lediglich ausgedrückt, dass der Gesetzgeber, wenn und soweit er nicht zu Ende entscheiden will oder kann, diese Entscheidung den Parteien zuschiebt. Dass dies so ist, ist auch daran zu erkennen, dass die Rechtswahl stets auf einer mehr oder weniger weiten Vorauswahl des Gesetzgebers aufbaut und so gut wie nie grenzenlos gewährt wird, selbst im internationalen Vertragsrecht nicht, vgl. nur Art. 3 III, IV, Art. 5, Art. 6, Art. 7 III, Art. 8, Art. 9 Rom I-VO. S. auch *Coester-Waltjen/Coester*, Rechtswahlmöglichkeiten im europäischen Kollisionsrecht, in: Liber Amicorum Schurig (wie Fn. 3), S. 33–47, sowie *Köhler* (Fn. 17), S. 271 („von keinem Staat der Welt grenzenlos gewährleistet“, sondern immer nur in einem „Ordnungsrahmen“).

[93] *Kühne* (Fn. 3), S. 136 m.w.N. Ähnliche *Lehmann* (Fn. 20), S. 247. Eine zentrale Rolle sieht auch *Rühl* (Fn. 2), z.B. S. 700 f., vom Standpunkt der ökonomischen Analyse her, die sich bei ihr allerdings weitgehend auf internationales Vertrags- und Deliktsrecht beschränkt (S. 17 f.) – Soweit die freie Rechtswahl geradezu als Emanation der menschlichen allgemeinen

Bei der Kollisionsnormbildung muss man abwägen zwischen den einander teilweise widerstreitenden Interessen, und man muss sich in der Regel bei der Anknüpfung für eine Seite unter Zurückdrängung der anderen Seite entscheiden. Mitunter erfordert das einen ziemlichen rechtspolitischen Kraftakt. Manchmal kann oder will man das nicht; zwischen den Interessen herrscht ein *Patt.* Dann kann man zwei oder mehr Anknüpfungen zugleich nehmen und die sachrechtliche Tendenz entscheiden lassen im Wege einer *alternativen* oder – seltener – *kumulativen* Anknüpfung[94].

Mitunter funktioniert auch etwa das alternative Günstigkeitsprinzip nicht, weil man nicht allgemein vorhersagen kann, was überhaupt wem günstiger ist, nicht Äpfel mit Birnen vergleichen kann. Dann lässt man die Parteien von Fall zu Fall *selbst entscheiden,* welches Recht angewandt werden soll, entweder aus einer vordefinierten Menge von Rechtordnungen wie im Erb- und Familienrecht oder im Prinzip generell wie im Vertragsrecht.

Der Gesetzgeber hat hier unter dem gegenwärtigen System einen erheblichen Spielraum. Er kann auch die Interessenbewertung *bewusst* nicht zu Ende führen, um bestimmte materielle Tendenzen zu fördern oder den Parteien generell einen größeren eigenen Spielraum zu lassen von der Hypothese ausgehend, dass diese ihre (u. U. widerstreitenden?) Interessen am besten selbst bewerten könnten. Hierzu ist eine steigende Bereitschaft zu beobachten.

Das Ganze bewegt sich innerhalb des geltenden Systems und stellt es nicht in Frage.

VII. Ökonomische Analyse

Was weiterhin nach mancher Auffassung am Fundament unseres IPR nagen soll, ist das methodische Vor- und Eindringen der ökonomischen Analyse[95].

Diese erschlägt einen erst einmal mit einem Wust *verschiedener Subtheorien*[96]. Der Nutzen, insbesondere für das IPR, wird allerdings überwiegend be-

---

Handlungsfreiheit idealisiert wird (so *Schinkels* [Fn. 39], S. 395–397), wird die Rechtswirklichkeit ausgeblendet. Gerade wenn die Rechtswahl – wie postuliert – auch vor allem der gleichberechtigten Durchsetzung materieller Ergebnisinteressen dienen soll, darf nicht übersehen werden, dass das nur gilt, wenn die materiellen Interessen der Parteien vollkommen übereinstimmen, was nur ganz selten der Fall sein dürfte. Im Normalfall gibt die stärkere Partei *ihre* Wahl vor, und die schwächere muss die Kröte schlucken. Aus diesem Grund sind auch die genannten Begrenzungen der Rechtswahl unverzichtbar. Vergleiche auch *Coester-Waltjen/Coester* (Fn. 92), S. 37–47. Und aus demselben Grund ist die Rechtswahl als ein „Instrument zu Gunsten eines Wettbewerbs der Rechtsordnungen“ (*Michaels* [Fn. 3], S. 167) mit Vorsicht zu genießen, zumal unklar bleibt, an welchen Faktoren sich ein solcher Wettbewerb überhaupt orientieren soll.

[94] *Schurig* (Fn. 1), S. 204–209; *Kegel/Schurig* (Fn. 5), S. 319–321.

[95] Von *Kühne* (Fn. 3), S. 133, als „völlig neuer Ansatz“ bezeichnet, vgl. auch S. 142.

[96] Vgl. nur *Rühl* (Fn. 2), S. 80–252; *Michaels,* Economics of Law as Choice of Law, in: Law and Contemporary Problems 71 (2008), S. 73–105 (103–105).

zweifelt[97]. Für ein paar eigene Bemerkungen möchte ich mich kurz paradigmatisch auf ein jüngst erschienenes Werk beziehen, betitelt *„Statut und Effizienz – Ökonomische Grundlagen des internationalen Privatrechts“*[98]. Das lässt einiges erwarten.

Die genannte Untersuchung will aufbauen auf den *„Erkenntnissen der ökonomischen Theorie“*[99], ausdrücklich ohne den Versuch, den Ansatz noch einmal zu rechtfertigen[100]; er wird sozusagen als *Axiom* behandelt. Gleichwohl ergebe sich *„aus theoretischer Sicht“* ein *„gedanklicher Paradigmenwechsel“*, der (wieder einmal) mit der „kopernikanischen Wende“ *Savignys* vergleichbar sein soll[101]. Der wesentliche Effekt soll mithin sein, *„dem internationalen Privatrecht ein realwissenschaftliches Fundament zu geben“*[102]; nicht leicht angesichts der Tatsache, dass zugegebenermaßen *„es an empirischen Erkenntnissen zu den Wirkungen von Kollisionsnormen weitgehend fehlt“*[103]. Dazu erfährt man viel über ökonomische Theorien, wenig über die Auswirkungen auf die IPR-Normen (von denen überhaupt nur einige erwähnt werden[104]) und nichts Konkretes darüber, welche unterschiedlichen wirtschaftlichen Folgen unterschiedliche Kollisionsnorm *in Zahlen* haben könnten.

Als diskursiver Gegenpol wird abermals *„Savignys* IPR“ ausgegraben, angeblich unpolitisch und wertfrei[105]. Gleichwohl soll die ökonomische Methode nur als *„Ergänzung“* *„neben die klassischen Methoden und Ansätze“* treten[106]. Dann hätte man freilich auch gern gewusst, in welchem Verhältnis der Koordination beides zu einander steht.

In der Sache geht es lediglich darum, die Kosten für Rechtsfindung und -durchsetzung bei den Beteiligten möglichst gering zu halten. Man müsse, so heißt es, *„ex ante“* „effizientes Verhalten der relevanten Akteure fördern“[107]. Daran ist an sich nichts auszusetzen. Nur wurden *„Ordnungsinteressen“* an

---

[97] Eingehend *Michaels* (Fn. 96). Auf kritische Stimmen verweist auch *Rühl* (Fn. 2), S. 14. Umgekehrt erklärt *Kühne* (Fn. 3), S. 141, „das Gesamturteil der einschlägigen Fachwelt über die ökonomische Funktionsfähigkeit des überkommenen IPR bei grenzüberschreitenden Transaktionen“ sei „offensichtlich eindeutig negativ“. Einzige Quelle für diese Aussage ist *Rühl.*

[98] *Rühl* (Fn. 2).

[99] *Rühl* (Fn. 2), S. 9.

[100] *Rühl* (Fn. 2), S. 10–12.

[101] *Rühl* (Fn. 2), S. 700. Angesichts des sich bescheiden gebenden Ansatzes ein überraschender Anspruch.

[102] *Rühl* (Fn. 2), S. 699.

[103] *Rühl* (Fn. 2), S. 702, s. auch S. 9, 21.

[104] Die Untersuchung beschränkt sich auf „ausgewählte Probleme“ des internationalen Vertrags- und Deliktsrechts: *Rühl* (Fn. 2), S. 17 f.

[105] Z. B. *Rühl* (Fn. 2), S. 178–182 und öfter. Die weitere Entwicklung – einschließlich *Kahn* – wird praktisch ignoriert und erst bei der „politischen Schule“ wieder zur Kenntnis genommen.

[106] *Rühl* (Fn. 2), S. 12, 79, 176, 190, 193 und öfter.

[107] *Rühl* (Fn. 2), S. 700.

Leichtigkeit und Einfachheit des Rechtsverkehrs und rechtlicher Information schon lange neben anderen – aber nicht vorrangig – in die Abwägung einbezogen[108], und diese haben notwendigerweise *auch Kostenoptimierung* zur Folge. Vielleicht kann man ökonomische Gesichtspunkte auch noch weiter einfließen lassen. Einer speziellen „ökonomischen Methode" bedarf es dafür nicht, und sie hat auch keine eigenen methodischen Vorteile.

VIII. Fazit

Man sieht: Die Wellen mehr oder weniger neuer Entwicklungen werden vom System des modernen IPR aufgefangen, das allerdings schon lange nicht mehr das unverdrossen beschworene weitgehend fiktive „*Savignys* IPR" ist. Das im Laufe der letzten 150 Jahre entwickelte Instrumentarium ist im Stande, die in neuerer Zeit aufgetauchten Varianten und Erscheinungen zu erklären und in sich aufzunehmen. Eine „*Revolution*" fand und findet nicht statt[109], aber die *Evolution,* die bis hierher geführt hat, darf nicht ignoriert werden. Und sie wird weitergehen.

Das Fundament aber bleibt unerschüttert.

Quod erat demonstrandum.

---

[108] Vgl. *Kegel/Schurig* (Fn. 5), S. 139–145. Mittelbar räumte das auch *Rühl* (Fn. 2), S. 701, ein. Damit sind aber auch diese Interessen Bestandteile der internationalprivatrechtlichen Gerechtigkeit. Der von *Kühne* (Fn. 3), S. 65 f., beschworene Gegensatz zwischen „‚klassischem' IPR" und „sozio-ökonomischem Denken" ist ein künstlicher.

[109] A. M. *Michaels* (Fn. 3), S. 151 f.

Betrachtungen zur Interessenlehre

Karsten Otte

Sehr geehrte Frau *Lüderitz*, lieber Herr *Mansel*, meine sehr verehrten Damen und Herren,

lassen Sie mich zunächst danken für die freundliche Einladung zu diesem Symposium. Die Vorarbeiten dazu in den letzten Tagen haben eine ganze Reihe von Dingen aus der Arbeit am Institut für internationales und ausländisches Privatrecht in Erinnerung gebracht, die jetzt fast zwölf Jahre zurückliegt. Die Begegnung mit *Alexander Lüderitz* war über viele Jahre eine großartige Erfahrung, die ich nicht missen möchte. Daher freut mich dieses Wiedersehen und die damit verbundene Gelegenheit zu einem kleinen fachlichen Gedankenaustausch. Die Wahl des Themas ist der Versuch eines Brückenschlages zwischen jüngeren kollisionsrechtlichen Entwicklungen, auf die bereits Herr *Schurig* hingewiesen hatte, und der wissenschaftlichen Arbeit von *Alexander Lüderitz*, die in zahlreichen Abhandlungen bis heute nachweisbar fortwirkt.

I. Regelanknüpfungen

Der Prozess der Regelanknüpfung erscheint uns klar strukturiert und unverrückbar. Das auf Sachverhalte mit Auslandsberührung anwendbare Recht wird durch Verweisungsnormen des internationalen Privatrechts bestimmt. Die Verweisungen auf das anwendbare Recht folgen dem Grundprinzip der objektiven Anknüpfung. Für Anknüpfungsgegenstände geben Anknüpfungsmomente die Verweisungsrichtung an. Der rechtsanwendende Richter erhält Rechtsmacht zur Subsumtion unter eine gesetzlich vorgegebene Regelanknüpfung. Derlei Regelanknüpfung gibt es in vielfacher Ausgestaltung und Abstufung. Für gelegentlich produzierte kollisionsrechtliche und materiellrechtliche Widersprüche hält das Internationale Privatrecht einen ausgeprägten Reparaturbetrieb bereit auf den Ebenen Qualifikation, Anknüpfung, sowie durch Angleichung und nicht zuletzt durch die *ordre-public*-Kontrolle. Maßstab ist internationalprivatrechtliche Gerechtigkeit. In der Gesamtschau wirkt ein standardisierter und weitgehend verlässlicher Prozess.

II. Ausweichklauseln und unbenannte Anknüpfungen

Ausweichklauseln bilden nun gleichsam Schlupflöcher der eindeutigen Regelanknüpfung. Besteht im konkreten Fall mit dem Recht eines Staates eine wesentlich oder offensichtlich engere Verbindung als mit dem Recht, das nach der Grundanknüpfung maßgebend wäre, oder ergibt sich das aus der Gesamtheit der Umstände, so ist jenes Recht der engeren Verbindung anzuwenden. Bisweilen werden dafür Regelbeispiele aufgezählt. Bisweilen gibt auch die neu zu entdeckende engste Verbindung Maß. Solche Verweisungen sind nach herrschender Meinung Sachnormverweisungen, Art. 4 Abs. 1 S. 1, EGBGB[1].

Der Gesetzgeber gibt folglich typisierende Anknüpfungen für Verweisungen vor, schließt aber selbst nicht aus, dass die Anwendung eines anderen Rechts im konkreten Fall „angemessener" sein kann. Der Rechtsanwender (Richter) erhält Rechtsmacht zur Auffindung der engeren Anknüpfung. Die gesetzlich bereits vorgegebene Anknüpfung kann dabei leitend wirken, muss es aber nicht. Mit der IPR-Reform 1986 hatte der Gesetzgeber seine anfängliche Zurückhaltung gegenüber Ausweichklauseln aufgegeben. Heute finden sich zahlreiche Ausweichklauseln im EGBGB (Art. 41 I, 46), im staatsvertraglichen IPR und neuerdings zahlreich in den europäischen Rom-Verordnungen zum Vertragsrecht (Art. 4 III, 5 III, 8 IV Rom I-VO)[2], zum Deliktsrecht (Art. 4 III, 5 II, 10 IV, 11 IV, 12 II c Rom II-VO)[3], zum Ehescheidungsrecht (Art. 14 und 15 Rom III-VO[4]) und im Erbrecht (Art. 21 Abs. 2 Rom IV-VO)[5]. Eine *allgemeine* Ausweichklausel hingegen wurde und wird bis heute abgelehnt. Sie findet sich etwa im österreichischen und Schweizer IPR[6].

---

[1] Statt aller *Rauscher*, Internationales Privatrecht, 3. Aufl. 2009, Rn. 345 ff.; *Looschelders*, Internationales Privatrecht, 2004, Rn. 20 m.w.N.

[2] Verordnung (EG) Nr. 593/2008 des Europäischen Parlaments und des Rates über das auf vertragliche Schuldverhältnisse anzuwendende Recht, vom 17.6.2008, Amtsblatt Nr. L 177 vom 4.7.2008, S. 6, ber. Amtsblatt Nr. L 309 vom 24.11.2009, S. 87, in Kraft seit 17.12.2009.

[3] Verordnung (EG) Nr. 864/2007 des Europäischen Parlaments und des Rates über das auf außervertragliche Schuldverhältnisse anzuwendende Recht, vom 11.7.2007, Amtsblatt Nr. L 199 vom 31.7.2007, S. 40, in Kraft seit 11.1.2009.

[4] Verordnung (EU) Nr. 1259/2010 des Rates vom 20.12.2010 zur Durchführung einer Verstärkten Zusammenarbeit im Bereich des auf die Ehescheidung und Trennung ohne Auflösung des Ehebandes anzuwendenden Rechts, ABl. L 343/10 v. 29.12.2010.

[5] Verordnung (EU) Nr. 650/2012 des Europäischen Parlaments und des Rates vom 4.7.2012 über die Zuständigkeit, das anzuwendende Recht, die Anerkennung und Vollstreckung von Entscheidungen und die Annahme und Vollstreckung öffentlicher Urkunden in Erbsachen sowie zur Einführung eines Europäischen Nachlasszeugnisses, ABl. L 201/107 v. 27.7.2012., am 16.08.2012 in Kraft getreten.

[6] § 1 Abs. 1 österr. IPR-Gesetz: „Sachverhalte mit Auslandsberührung sind in privatrechtlicher Hinsicht nach der Rechtsordnung zu beurteilen, zu der die stärkste Beziehung besteht." § 15 Schweizer IPR-Gesetz: „Das Recht, auf das dieses Gesetz verweist, ist ausnahmsweise nicht anwendbar, wenn nach den gesamten Umständen offensichtlich ist, dass

Die „Kölner Schule" war gegenüber Ausweichklauseln von Anfang an kritisch eingestellt. Kegel fand harte Worte: Beliebigkeit der Anknüpfung mache sich breit. Ausweichklauseln seien wie Windfahnen ohne Führungskraft[7]. Auch *Lüderitz*' Reaktion war zunächst ausgesprochen negativ: Normbildung, die abstrahieren muss, werde unterlassen oder durch eine Ausweichklausel zur Farce[8]. Ausweichklauseln bezeichneten seiner Ansicht nach das Ende nicht nur notwendig abstrakter Normtechnik, sondern auch von Kollisionsnormen, die Sachverhalte generell bezeichneten Rechten zuweisen – kurz: des klassischen kollisionsrechtlichen *„Systems"*[9].

Diese Kritik hallt bis heute an prominenter Stelle nach: *„Aufgabe jeder Norm des IPR ist, die jeweils engste Verbindung zu bestimmen. Wenn der Gesetzgeber das nicht kann, sollte er schweigen und Rechtsprechung und Lehre das Füllen der Lücken überlassen."*[10]

Wo der Gesetzgeber nicht in diesem Sinne geschwiegen hat, ist daher eine Kernfrage, welche Maßstäbe für den Richter *leitend* sind – etwa bei der *Anwendung* von Ausweichklauseln und unbenannten Anknüpfungen. Diese Frage lenkt den Blick auf die mit kollisionsrechtlicher Verweisung maßgeblich verwirklichten *Interessen,* wie sie bereits für die *Bildung* von Kollisionsnormen erkannt und diskutiert wurden.

III. Beachtung kollisionsrechtlicher Interessen?

Welche sind die kollisionsrechtlichen Interessen? Nach dem Vorbild der für das materielle Recht entwickelten Interessenjurisprudenz suchte man in Deutschland in der zweiten Hälfte des 20. Jahrhunderts nach spezifisch kollisionsrechtlichen Interessen, teils im Gemisch mit materiellen (*Wengler*[11], *Beitzke*[12]), teils isoliert (*Kegel*[13]), die die Bestimmung und Auslegung von Kollisionsnorm leiten sollen.

---

der Sachverhalt mit diesem Recht nur in geringem, mit einem anderen Recht jedoch in viel engerem Zusammenhang steht."

[7] *Kegel,* Bespr. von Fritz Schwind, Handbuch des Österreichischen Internationalen Privatrechts, AcP 178 (1978), 118, 120; *ders.,* in: FS Beitzke, 1979, S. 551, 567; umfassend *Hirse,* Die Ausweichklausel im Internationalen Privatrecht, 2006, S. 105 ff.

[8] *Lüderitz,* Internationales Privatrecht, 2. Aufl. 1992, Rn. 28.

[9] Ebd., Rn. 30.

[10] *Kegel/Schurig,* Internationales Privatrecht, 9. Aufl. 2004, S. 308 (§ 6 I 4 b) cc)).

[11] *Wengler,* ZöffR 194/44, 473–509; zit. bei *Lüderitz,* Fortschritte im deutschen internationalen Privatrecht, in: Festschrift der Rechtswissenschaftlichen Fakultät zur 600–Jahr-Feier der Universität zu Köln, 1988, S. 271, 280.

[12] *Beitzke,* Betrachtungen zur Methodik im Internationalprivatrecht, in: FS Smend, 1952, S. 1, 19; zit. bei *Lüderitz,* vorige Note, S. 271, 280.

[13] *Kegel,* Begriffs- und Interessenjurisprudenz im internationalen Privatrecht, in: FS Lewald, 1953, S. 259, 270–273; *Kegel/Schurig* (Fn. 10), § 2 II.

Kegels Dreiteilung in Parteiinteressen der aktuell Beteiligten, Verkehrsinteressen der potentiell Beteiligten und Ordnungsinteressen des Staates (aller Rechtsgenossen) war gut und eingängig erklärt[14]. Diese interessenjuristische Betrachtung löste zunächst lediglich vereinzelte Reaktionen[15] und dann in der Folge Skepsis[16] aus, obwohl Kegel seine Deutung wohl zunächst selbst nur als Skizze und Entwurf betrachtet hatte[17], zu dessen Ausbau und Differenzierung er die Wissenschaft vielmehr aufforderte. Erst knapp 25 Jahre später griff *Lüderitz* diese Aufforderung *Kegels* zur Auseinandersetzung in dessen erster Festschrift auf und versuchte eine Neuorientierung und Zusammenfassung[18].

Für das Verständnis des IPR war *Lüderitz* – wie er später auch in seinem Lehrbuch zum IPR klarstellt[19] – wichtig, den *Grund der Anknüpfung* zu kennen: Nicht nur zeigen, *was* gilt, sondern *warum* es gilt. Dies sei nicht nur eine didaktische Aufgabe. *Verständnis* bestimme Gesetzgebung, Gesetzesanwendung, Auslegung, Lückenfüllung und Fortbildung des Rechts – Gesichtspunkte, die mit der Europäisierung des Kollisionsrechts und der Einführung neuer Anknüpfungen ungebrochen aktuell sind[20].

An den Anfang seiner Abhandlung in der Festschrift für *Kegel* stellte er den Befund, dass dem Internationalen Privatrecht seit der grundlegenden Arbeit *Savignys* über die Aufgabe des Kollisionsrechts[21] (mit der Anknüpfung an den „Sitz“ des Rechtsverhältnisses), seit den Charakterisierungen durch *Otto von Gierke* („Schwerpunkt“ des Rechtsverhältnisses) und *Ludwig von Bar* („Natur der Sache“) nach und nach seine spezifisch *privatrechtliche* Orientierung verloren gegangen war. Als bestes Beispiel hierfür führt er den seinerzeitigen Übergang zur Anknüpfung personenbezogener Fragen (des Personalstatuts) an die Staatsangehörigkeit an. Das Staatsangehörigkeitsprinzip werde dem Wohn-

---

[14] Jetzt *Kegel/Schurig* (Fn. 10), § 2 II.

[15] *Batiffol*, Aspects philosophiques du droit international privé, 1956, Nr. 101–103; Les intérêts de droit international privé, in: IPR und Rechtsvergleichung im Ausgang des 20. Jahrhunderts, FS Kegel I, 1977, S. 11–21; *Hay*, Rec. des Cours 226 (1990 I), 344–350, beide zit. bei *Lüderitz* (Fn. 8), Rn. 28; weitere Nachw. zit. bei *Lüderitz* (Fn. 11), S. 271, 280.

[16] *Neuhaus*, RabelsZ 25 (1960), 377 ff.; *ders.*, Die Grundbegriffe des internationalen Privatrechts, 2. Aufl. 1976, § 5 II 1 a. E., § 20 II 2; ähnlich *Kropholler*, Internationales Privatrecht, 6. Aufl. 2006, § 5 I 4; *Sonnenberger*, in: MünchKommBGB, Band 10, 5. Aufl. 2010, Einl. IPR Rn. 83 ff.; *Flessner*, Interessenjurisprudenz im internationales Privatrecht, 1990, S. 44 ff, 142 ff., dagegen kritisch wieder *Schurig*, RabelsZ 59 (1959), 229.

[17] MünchKommBGB-*Sonnenberger* (Fn. 16), Einl. IPR Rn. 83.

[18] *Lüderitz*, Anknüpfung im Parteiinteresse, in: Internationales Privatrecht und Rechtsvergleichung im Ausgang des 20. Jahrhunderts, in: FS Kegel I, 1977, S. 31 ff.

[19] *Lüderitz*, (Fn. 8), Rn. 94.

[20] *Lüderitz* (Fn. 18), S. 31 ff.

[21] *Savigny*, System des heutigen Römischen Rechts, Bd. VIII, 1849: *„daß bei jedem Rechtsverhältnis dasjenige Rechtsgebiet aufgesucht werden, welchem dieses Rechtsverhältnis seiner eigentümlichen Natur nach angehört oder unterworfen ist (worin dasselbe seinen Sitz hat)“*, S. 28, 108, und, *„daß der Sitz (die Heimat) jedes Rechtsverhältnisses ermittelt werden müsse“*, S. 120, 121.

sitzprinzip vorgezogen und dieser Vorzug mit der Verwirklichung von „Parteiinteressen" begründet. Lüderitz hingegen befand, dass eine solche Anknüpfung an die Staatsangehörigkeit nur *„schwerlich als Wahrung privater Interessen gewertet werden"* könne. Seine Aufmerksamkeit richtete sich dabei auf die ausländischen Mitbürger, deren gewöhnlicher Aufenthalt im Inland jedenfalls eine gewisse Akkulturierung an die inländische Rechtsumgebung nicht ausschließen konnte. Dem sogenannten „Parteiinteresse" konnten offenbar ganz *unterschiedliche* inhaltliche Zielvorstellungen beigemessen werden. *Lüderitz* versuchte deshalb, die Gründe hierfür aufzudecken. Wenngleich die Einführung der Staatsangehörigkeitsanknüpfung *vor* dem *Kegel*'schen Entwurf erfolgt war, untersuchte *Lüderitz* dazu die Inhalte, die *Kegel* kollisionsrechtlichen Interessen für die Rechtfertigung von kollisionsrechtlicher Anknüpfung in seinem Entwurf gegeben hatte.

Kegel dachte bei der Staatsangehörigkeitsanknüpfung an das Heimatrecht der Partei[22], nennt aber zur Begründung das Gemeinschaftsgefühl und den Heimatstolz. *Lüderitz* sah hierin eher versubjektivierte *Gemeinschafts*interessen. Diese so für die Staatsangehörigkeitsanknüpfung angeführten Interessen würden nicht notwendigerweise mit den wirklich vorhandenen, typisierbaren Interessen der betroffenen Parteien (den eigentlichen Parteiinteressen) übereinstimmen. Eine *„bloße Vermutung legitimiere (hier) die Wahl"* des Anknüpfungspunktes. *„Eigentliche Parteiinteressen"* würden so *„eher reguliert als gefördert"*[23].

Für die *Entscheidung* von Interessenkonflikten gab *Lüderitz* sodann *Prämissen* vor. Wichtiger als die Interessen selbst seien die *Zwecke* einer Anknüpfungsentscheidung. Zweck ist nicht gleich Interesse: Interessen sind empirisch nachweisbare oder vermutete Bedürfnisse der vom Recht Betroffenen. Der Zweck gibt in der Regel an, wessen Interesse vorzuziehen ist. Interessen müssten also in einer Abwägung *bewertet* und sodann für eine Anknüpfungsentscheidung (welches Recht ist anwendbar) priorisiert werden; die für diese Bewertung eingesetzten Zwecke seien Teilaspekte von Gerechtigkeit[24]. Für die zweckorientierte Bewertung in Betracht kommende Gesichtspunkte wurden sodann untersucht:

Die Erreichung *materieller* Gerechtigkeit soll als Zwecksetzung für eine Abwägung zwischen Interessen nicht hinreichen, denn materielle Gerechtigkeit wird schon durch die *lex fori* indiziert[25]. Nach der Wertung des Gesetzgebers ist nämlich eigenes Recht immer das Beste, sonst würde es geändert. Solche öffentlichen Rechtsanwendungsinteressen können nach *Lüderitz* nicht einfach

---

22 *Kegel/Schurig,* (Fn. 10), § 2 II 1; so auch *v. Hoffmann/Thorn,* Internationales Privatrecht, 10. Aufl. 2013, § 5 Rn. 10.

23 *Lüderitz,* (Fn. 18), S. 31 ff.

24 *Lüderitz* (Fn. 8), Rn. 96.

25 *Lüderitz* (Fn. 8), Rn. 96, 97.

in kollisionsrechtliche Wertungen umgemünzt oder mit Billigkeitserwägungen kaschiert werden[26]. Gesetzgeber und Richter müssen die Sichtweise, die *lex fori* sei das beste materielle Recht, vielmehr mit einer kollisionsrechtlich gerechten Entscheidung durchbrechen und auch gegebenenfalls ausländisches Recht als das „bessere" Recht anwenden. *Stets* inländisches Recht anzuwenden macht Kollisionsrecht überdies überflüssig. Die Ausrichtung der kollisionsrechtlichen Entscheidung am Vergleich potentiell in Frage kommender Rechte dürfte den Gesetzgeber schlicht überfordern.

Die Natur des Rechtsverhältnisses oder Natur der Sache geben ebenfalls nur undeutliche Wertungen für die räumlich nächste Rechtsordnung[27].

Ordnungszwecke außerhalb des materiellen Rechts seien zwar anzuerkennen, etwa internationaler Entscheidungseinklang und innerer Entscheidungseinklang. Sie dienten in erster Linie dem Gemeinwesen[28]. Eine Durchbrechung dieser Ordnungszwecke ist nach *Lüderitz* im Privatrecht aber geboten, wenn dadurch ein *stärkeres privates* Interesse umgesetzt wird. So sei etwa der parteiautonomen *Wahl* eines Rechts selbstverständlich der Vorrang einzuräumen, alles andere sei *„staatliche Besserwisserei"*. Der zusätzlichen Ermittlung von Parteiinteressen bedürfe es nach einer Rechtswahl nicht; denn die Parteiinteressen seien mit der Rechtswahl konkret artikuliert.

Ohne Rechtswahl gehe es in erster Linie um das private Interesse auf die Anwendung eines Rechts, mit dem die Partei *vertraut* ist. Auch das könne eine Durchbrechung der Ordnungszwecke legitimieren. *Lüderitz* stimmte im Ausgangspunkt der grundlegenden Feststellung zu, dass das Interesse der Parteien wohl in der Regel auf die Geltung eines ihnen *„vertrauten"* Rechts gehe. *Nach welchen Kriterien* sich das der Partei vertraute Recht bestimme, sei nun aber die Schlüsselfrage. Was heißt „vertraut"?

Vertrautheit privater Rechtssubjekte werde mit Recht geprägt durch weitere Interessen: Man sei zum einen mit jedem Recht „vertraut", über das man sich am ehesten informieren kann. Das *Ermittlungsinteresse*[29] verkörpert Vertrautheit. Hiervon unterscheiden lasse sich das Interesse an materiell-rechtlicher *An-*

---

[26] So der Vorwurf gegen die Begründung der BReg zur IPR-Reform 1986 zu den Art. 3 Abs. 3, Art. 5 Abs. 1 Satz 2 und Art. 17 Abs. 3, vgl. insoweit *Siehr*, Internationales Privatrecht, § 6 II; *Kropholler* (Fn. 16), § 46 III 2 d; *Kegel/Schurig* (Fn. 10), § 29 VII 4; MünchKommBGB-*Sonnenberger* (Fn. 16), Einl. IPR Rn. 106.

[27] Mit ihnen würden materiellrechtliche Ziele ggf. überproportional verwirklicht. Hier fürchtet er Kumulation oder Alternativität, *Lüderitz* (Fn. 8), Rn. 98.

[28] *Lüderitz* (Fn. 8), Rn. 99; a.A. offenbar MünchKommBGB-*Sonnenberger* (Fn. 16), Einl. IPR Rn. 89 (überwiegend ein Privatinteresse, weil die interne Privatrechtsordnung durch internationale Disharmonien nicht berührt wird und ein Interesse der betroffenen Privatpersonen an beiden Entscheidungseinklängen besteht. *Sonnenberger* sieht sogar mit Verkehrsinteressen Privatinteressen potentiell betroffener Dritter geschützt. Seiner Auffassung nach liegen die privaten Rechtsanwendungsinteressen daher auf verschiedenen Ebenen, ebd., Rn. 112).

[29] *Lüderitz* (Fn. 18), S. 31, 36.

passung, denn Menschen wollen in aller Regel materiell-privatrechtlich nicht anders behandelt werden als ihr gesellschaftliches Umfeld. Hinzu komme das Interesse auf *Durchsetzbarkeit* von Rechtspositionen. Auch dieses ist in der konkreten Rechtsumgebung besser zu verwirklichen. Alle vorgenannten Interessen wiesen in der Regel auf den Aufenthaltsort, mithin auf die Anwendung des Rechts, indem man akkulturiert. Das *Kontinuitätsinteresse* hingegen wurzele im Vertrauen auf die Aufrechterhaltung einer in der Vergangenheit erworbenen Rechtsposition[30].

Diese verschiedenen Interessen sind nach seinem Konzept nicht in jedem *Einzelfall* zu bestimmen und zu gewichten, sondern wiederum zu *typisieren* und nach Abwägung in einer *Anknüpfung für typische Fallgestaltungen* vom Gesetzgeber festzuhalten. Die Interessen der Betroffenen weisen dabei nicht notwendig in die gleiche Richtung. Interessen aufeinandertreffender Parteien können in Konflikt geraten, da sie auf die Anwendung verschiedener Rechtsordnungen gerichtet sind. Auch eine einzelne Partei kann Ermittlungs-, Anpassungs-, und Kontinuitätsinteressen haben, die auf die Anwendung unterschiedlicher Rechte gerichtet seien. Das macht bei der Rechtsanwendung im konkreten Fall Abwägungen, vor allem den Schutz berechtigter Erwartungen der Parteien, notwendig.

Damit rückte *Lüderitz* letztlich – von ihm näher ausdifferenzierte – Parteiinteressen in den Mittelpunkt der Wertung bei der Anknüpfung. Er zog hieraus die Konsequenz, dass es einer „Reprivatisierung" des Internationalen Privatrechts bedürfe. An der grundsätzlichen Trennung zwischen materiellprivatrechtlicher und internationalprivatrechtlicher Gerechtigkeit hielt er aber fest. Sie legitimiere Kollisionsrecht als Sonderrecht.

Zusätzlich forderte er: Parteiinteressen sollen nicht durch Gemeinschaftsinteressen und als reine Hypothesen vermutend bestimmt werden, sondern *empirisch tatsächlich und ständig neu*. *Lüderitz* öffnete damit den Prozess der Interessenanalyse für die Sozialforschung und Empirie. Hierfür mag auch die im Institut für internationales und ausländisches Privatrecht bestimmende Gutachtertätigkeit leitend gewesen sein, bei der nicht selten die Anwendbarkeit des Rechts im islamischen oder afrikanischen Rechtskreis die Geduld der Gutachter auf eine harte Probe stellte. Die Forderung nach ständiger Überprüfung der kollisionsrechtlichen Rechtslage, die der gesetzlichen Anknüpfung zu Grunde zu legen ist, ist damit nur konsequent.

Sein Ansatz blieb freilich nicht unwidersprochen: *Kegel* und *Schurig* unterscheiden (bis heute) nicht zwischen Interessen und Werten, nach denen die Interessen abgewogen werden. Alle Interessen ließen sich einem bestimmten Rechtsverkehr und einer bestimmten Gemeinschaft von Genossen zuordnen. Sie könnten durchaus im Gegensatz zu Parteiinteressen oder auch untereinan-

---

[30] Zustimmend MünchKommBGB-*Sonnenberger* (Fn. 16), Einl. IPR Rn. 88.

der stehen. Die Entscheidung über sie erfolge im Wege der (gesetzlichen) Abwägung und Bewertung. Die Werte seien damit sowohl Objekt als auch Maßstab der Wertung. Am Charakter der Interessen ändere das nichts[31].

Parteiinteressen behielten bei *Lüderitz* gleichwohl einen hohen Stellenwert. Empirisch ausermittelten Parteiinteressen[32] wurde in der Gesamtabwägung der Interessen bei Normbildung und Normanwendung – profilschärfend – jedenfalls ein prominenter erster Platz zugewiesen – Ausdruck der Gutachtererfahrung in zahlreichen praktischen Fällen, vor allem aber eines ausgeprägten humanistischen Menschbildes. Damit war jedenfalls eine Denkweise angestoßen, in der man nicht mehr auf bloße Hypothesen angewiesen sein[33] sollte. Der von *Lüderitz* postulierte *Vorrang* internationalprivatrechtlicher Privatautonomie wurde von ihm zwar später nicht mehr in dieser Schärfe wiederholt, sondern die Notwendigkeit zur Abwägung *aller* Interessen betont[34].

Doch können alle von *ihm* – zunächst nur für die gesetzgeberische Gestaltung der Anknüpfung – getroffenen Aussagen auch für Auslegung von Kollisionsnormen, für die richterliche Rechtsfortbildung (Analogie und teleologische Reduktion) sowie – trotz anfänglicher Skepsis – in ihrer Offenheit letztlich auch für die richterliche Anwendung einer *Ausweichklausel* nutzbar gemacht werden.

Eine restriktive Anwendung von Ausweichklauseln wird zu Recht empfohlen. Eine Abkehr von der Rechtssicherheit stiftenden Grundanknüpfung ist nur erträglich, wenn die *konkret vorgefundene* Interessenlage von der *gesetzlich zugrundegelegten* typischen Interessenlage so erheblich abweicht, dass ein Festhalten an der Grundanknüpfung das Vertrauen in eine gerechte Rechtsordnung nachhaltig beeinträchtigen würde.

Jedes voreilige Abweichen von der Grundanknüpfung soll daher durch vorgeschaltete Auslegung (Qualifikation), Analogie oder teleologische Reduktion vorhandener Anknüpfung vermieden werden.

Wertungen dafür sind nach Möglichkeit dem positiven Recht zu entnehmen. Die allenthalben empfohlene Orientierung an Fallgruppen[35] wird es bei restriktiver Handhabung zunächst freilich nur schwer geben. Das gesamthafte Sichten und Bewerten von Kontakten der Betroffenen zu den Rechtsordnungen *(grouping of contacts)* kann helfen, aber nicht alleine leiten.

---

[31] *Kegel/Schurig* (Fn. 10), S. 133 (§ 2 I).

[32] *Lüderitz* (Fn. 18), S. 31, 33, 53; ähnlich *Flessner* (Fn. 16), S. 32 ff., 38 f.

[33] MünchKommBGB-*Sonnenberger* (Fn. 16), Einl. IPR Rn. 91.

[34] *Lüderitz* (Fn. 18), S. 31, 33, 53; *ders.* (Fn. 8), Rn. 101 *passim;* MünchKommBGB-*Sonnenberger* (Fn. 16), Einl. IPR Rn. 92 a. E.

[35] *V. Bar/Mankowski*, Internationales Privatrecht I, 2. Aufl. 2003, § 7 Rn. 107 f.; *Rauscher*, Europäisches Zivilprozess- und Kollisionsrecht, 2011, Rn. 155; *von Hoffmann/Thorn* (Fn. 22), § 10 Rn. 59 f., 64.

Die von *Lüderitz* benannten parteiorientierten Ermittlungs-, Anpassungs- und Kontinuitätsinteressen mögen wichtige vorrangige Anhaltspunkte zur Beurteilung der engeren Verbindung darstellen. Später werden von anderen weitere Interessen genannt (Eingliederungsinteresse von Flüchtlingen; Beachtung des normalen grenzüberschreitenden Rechtsverkehrs im einheitlichen Binnenmarkt und im Unionsraum der Freiheit, der Sicherheit und des Rechts; Schutz von Waren- und Dienstleistungsanbietern; Verbraucherschutz)[36]. So hat der parteiorientierte Vorranggedanke zum einen durch die Priorisierung der Rechtswahlbefugnis an vielen Stellen einen gewissen Niederschlag gefunden, zum anderen wohl aber auch in der Ausbreitung von Ausweichklauseln jedenfalls gewisse Einbruchsstellen erhalten.

IV. Beachtung materiellrechtlicher Interessen?

Doch wie weit geht diese Flexibilisierung der Anknüpfung? Soll der Richter bei Anwendung der Ausweichklausel nun auch *die materiellrechtlichen Wirkungen* potenziell anwendbarer Rechte berücksichtigen dürfen?

Zahlreiche Andeutungen dazu im kollisionsrechtlichen Schrifttum lassen das zunächst vermuten. Bei *v. Bar*[37] finden sich Gedanken der *Begünstigung des Eintritts materieller* Rechtsfolgen und der Ausrichtung an schützenswerten Verkehrserwartungen der Parteien bei der Auswahl der Anknüpfung. *Kropholler*[38] unterschied kollisions- und materiellrechtliche Wertung, sah aber Erstere weitgehend durch Letztere *geprägt*. Materielle Wertungen bestimmen danach die Anknüpfung zwar nicht direkt, sollen aber zu einer *parallelen kollisionsrechtlichen Umsetzung* führen („schlagen durch" – Beispiele Geschlechtergleichheit, Verbraucherschutz, ungerechtfertigte Bereicherung usw.). *Sonnenberger*[39] will jedenfalls bei einem Patt kollisionsrechtlicher Anwendungsinteressen materieller Begünstigung Raum lassen. Sogar nach *Kegel/Schurig*[40] sind internationalprivatrechtliche Interessen *abhängig* von den sachrechtlichen Interessen, auf die sie sich beziehen. Die Interessen an der Anwendung eines Rechts stehen ihrer Auffassung nach *im Zusammenhang* mit seinem Inhalt; sie können nicht isoliert von sachrechtlicher Gerechtigkeit gesehen werden.

Eine unmittelbare Auswirkung auf die internationalprivatrechtliche Entscheidung haben Parteiinteressen nicht. Das IPR könne *„aber materiellrechtliche Tendenzen begünstigen"*[41].

---

[36] MünchKommBGB-*Sonnenberger* (Fn. 16), Einl. IPR Rn. 94 m. w. zahlr. Nachw.

[37] *V. Bar* (Fn. 35), § 6 Rn. 97.

[38] *Kropholler* (Fn. 16), S. 33 f. (§5 II).

[39] MünchKommBGB-*Sonnenberger* (Fn. 16), Einl. IPR Rn. 95.

[40] *Kegel/Schurig* (Fn. 10), 131 ff.

[41] *Kegel/Schurig* (Fn. 10), 131, 145.

Die grundsätzliche Trennung der kollisionsrechtlichen von der materiellrechtlichen Gerechtigkeit wird trotz dieser Andeutungen von den meisten Kollisionsrechtlern gleichwohl aufrechterhalten. Bei *Kegel/Schurig*[42] wird internationalprivatrechtliche Gerechtigkeit als ein nicht isolierbarer Teilaspekt der einen unteilbaren Gerechtigkeit begriffen, der sich emanzipiert. Die Interessen, denen die Sätze des IPR Rechnung tragen müssen, sind andere als die im materiellen Privatrecht geschützten: Im materiellen Privatrecht geht es um den Inhalt des Rechts, im IPR um die *„Anwendung eines Rechts"*. Für Kegel sind *„die Kriterien dafür, was materiell gerecht ist und was nicht"*, selbst nur relativ. Aus der Wechselwirkung des Rechts mit dem Leben ergibt sich Verschiedenheit staatlicher Rechte, die räumlich abgegrenzt ist. Für die Entscheidung zur Anwendung des „besseren" Rechts ist ein Bezug (kollisionsrechtlich, räumlich, sachlich, eng) notwendig. Daher ist nicht das sachlich, sondern das räumlich beste Recht zu bestimmen und anzuwenden, mithin das Recht des Staatsgebietes, mit dessen dort lebender Rechtsgemeinschaft der Betroffene auf eine näher zu bestimmende Weise enger verbunden ist[43].

Auch *Lüderitz* hielt Kurs, obwohl man bei ihm wegen der Orientierung an den Privatinteressen vielleicht ein stärkeres Einlenken erwartet hätte. Die Verwirklichung materiellrechtlicher Ziele bei der Gestaltung von Kollisionsrecht hat er sogar vereinzelt als Übererfüllung materiellrechtlicher Zwecke bezeichnet (Kumulation, Alternativität von anwendbarem Recht; Schutzbedürftigkeit des Unterhaltsgläubigers)[44].

Flessner[45] beklagte hingegen offen, dass die Interessen eher unterstellt als erforscht werden. Rechtsanwendungsinteressen hätten sich *am konkreten materiellen Ergebnis zu orientieren.* Ihre Beeinflussung durch den konkreten Inhalt des maßgeblichen Sachrechts sei *zu beachten.* Seine „realistische Interessenjurisprudenz" oder Wertungsjurisprudenz schiebt die Parteiinteressen am *materiellen* Ausgang in den Vordergrund und negiert weitgehend andere Interessen. Damit wendet er sich gegen jegliche Kategorisierung und Vermutung von Interessen und fordert mehr Beachtung der – auch empirisch festgestellten – *realen* Parteiinteressen im *konkreten* Fall. Bei der Interessenfeststellung gelte als oberstes Prinzip sowohl ein Verbot der Interessenleugnung als auch ein Verbot der Interessenerfindung.

---

[42] *Kegel/Schurig* (Fn. 10), 131, 145.

[43] *Kegel/Schurig* (Fn. 10), 131, 145.

[44] *Lüderitz* (Fn. 8), Rn. 98 („überproportional"); *ders.* (Fn. 11), S. 271, 279 ff., 281; *Lüderitz,* Internationales Privatrecht im Übergang – Theoretische und praktische Aspekte der deutschen Reform, in: FS Kegel II, 1987, S. 343, 362 (*„Da ‚Gerechtigkeit unteilbar ist', [...], bleibt die Mischung von kollisions- und materiellrechtlichen Erwägungen unausweichlich. [...] ist der Gesetzgeber grundsätzlich legitimiert, aus sachlich-rechtlichen Gesichtspunkten zwischen zwei Privatrechtsordnungen zu ‚wählen' oder die lex fori [...] unmittelbar durchzusetzen.")*.

[45] *Flessner* (Fn. 16), S. 23, 55 ff. (§ 4).

Hier wird man Vorsicht walten lassen müssen: Direkte und gleichmäßige Berücksichtigung materiellrechtlicher Interessen zweier Parteien bei der Anknüpfung ist schon deshalb schwer möglich, weil die Interessen an gerade entgegengesetzten Ergebnissen bestehen können. Vor allem aber gibt es ein Interesse der Allgemeinheit an objektiven (folglich reproduzierbaren) Kriterien und damit an der Verwertung lediglich typisierbarer Interessen zur Rechtsfindung. Das Ergebnis, nach dem man strebt, ist *das* Recht anzuwenden, das allgemein und ohne Rücksicht auf seinen Inhalt im Einzelfall *am besten* angewandt wird. Streng sachrechtsorientierte Anknüpfung vor Beantwortung der Rechtsanwendungsfrage dürfte zudem erheblichen Aufwand produzieren.

V. Parallelwertungen

Im Internationalen Zivilverfahrensrecht ist die Situation ähnlich[46]. Zuständigkeitsinteressen orientieren sich an den Belastungswirkungen durch Einlassungslast der mit Klage Überzogenen. Zuständigkeitsinteressen sind objektiv vertypt. Objektive Zuständigkeitsanknüpfungen führen zu klaren, gesetzlich bestimmten Gerichtszuständigkeiten und helfen, Zuständigkeitskonflikte (Zuständigkeitshäufung und Zuständigkeitsmangel) und damit widersprechende Entscheidungen zu verhindern. Eine richterliche Einzelfallentscheidung im Sinne eines *forum non conveniens* oder *forum conveniens* soll es nicht geben. Die Zuständigkeitsbestimmung soll insbesondere von der zeit- und kräftezehrenden Ermittlung zuständigkeitsrechtlicher Belastungswirkungen und dem Blick auf das hinter kollisionsrechtlicher Anknüpfung stehende Sachrecht *(forum shopping)* vollständig freigehalten werden.

VI. Gerechtigkeitsgewinn und Funktionalität als kommunizierende Maßstäbe?

Was können wir mit Blick auf die dargestellte Auseinandersetzung um Interessen und Anknüpfungen für die Anwendung von Ausweichklauseln festhalten?

Im Spannungsfeld zwischen Typenbildung und Individualisierung wurde auf die individuellen Bedürfnisse der Parteien hingewiesen. Die Profilschärfung gerade der empirisch zu ermittelnden Parteiinteressen zielt *primär* auf die Belastungswirkungen für die *konkret* Betroffenen *vor* der Verwirklichung anderer kollisionsrechtlicher Interessen. Diese Überlegung wäre auch bei Aus-

---

[46] Übertragung der Interessentheorie auf das Verfahrensrecht durch *Schröder*, Internationale Zuständigkeit, 1971, S. 110ff. und Leitidee im ganzen Werk.

weichklauseln anstellbar. Empirische Befunde zu sichern ist angesichts der zurückhaltenden Publikationslage freilich hartes Brot.

Den Übertritt in eine vollständige materiellrechtliche Prüfung, mithin eine individualisierende, einzelfallgerechte Anknüpfung, ist andererseits zu vermeiden. Eine Sachrechtsorientierung bei der Anknüpfung liegt nahe, sie wird aber stets nur vorsichtig angedeutet. Die Trennung internationalprivatrechtlicher von materiellrechtlicher Gerechtigkeit ist nicht preiszugeben. Denn gesetzlich vorgegebene Anknüpfungen können zwar eine *typisierte* Berücksichtigung gewisser materiellrechtlicher Interessen aufweisen. Ob der Anwender einer Kollisionsnorm oder gar einer Ausweichklausel aber Gleiches *fallkonkret* leisten kann und können sollte, ist fraglich. Der Import fallbezogener materieller Einzelfallgerechtigkeit in die kollisionsrechtliche Entscheidung könnte wiederum Ordnungs-, Verkehrsinteressen und Entscheidungseinklang empfindlich beschädigen, indem sie unkoordiniert dem Sachrechtsergebnis untergeordnet werden. Auf die Folgen materiellrechtlicher Vorabprüfung für die Verfahrensökonomie wurde bereits hingewiesen.

Bewertungskriterien für eine engere Verbindung zu einer Rechtsordnung könnten die *gerechtigkeitsstiftende Wirkung* einerseits und die *allgemeine Funktionalität* der Anwendung von Recht andererseits sein. Beide Kriterien sind messbar in Belastungs*wirkungen* für die unmittelbar und potentiell Betroffenen.

Belastungswirkungen für die konkret Betroffenen (Willensverwirklichung, zugängliche Information, eingeforderte oder verweigerte Anpassung, Kontinuität, schützenswerte Verkehrserwartungen der Parteien) treten vornehmlich räumlich im Rechtsumfeld der Betroffenen ein.

Belastungswirkungen durch Verweigerung von Verkehrsinteressen, Ordnungsinteressen, Durchsetzbarkeit, aber auch Störung des im Zivilrecht besonders bedeutsamen internen und internationalen Entscheidungseinklangs treten ein, vor allem bei und gegenüber potentiell Betroffenen (Gleichbehandlung), bei der Rechtsgemeinschaft des Forums im Innern (innerer Entscheidungseinklang) und im Vergleich zu anderen Rechtsgemeinschaften (internationaler Entscheidungseinklang).

Die in einer Ausweichklausel normierte Anknüpfung der engeren oder engsten Verbindung scheint eine vorrangige Berücksichtigung der Belastungswirkungen für die konkret Betroffenen jedenfalls nicht auszuschließen.

Trotz seiner Skepsis gegenüber Ausweichklauseln – *Lüderitz*' Beitrag zur Interessenlehre könnte im Ergebnis also doch Hinweise zum weiteren Umgang mit ihnen geben. Um im Bild von *Kegel* zu bleiben: Statt bloß passiv bleibender Windfahnen können Ausweichklauseln durchaus zu schöpferischen Windrädern werden, denen wir ihre Energie nur kreativ und (kollisionsrechtlich) systemschonend abnehmen müssen!

Erste Diskussionsrunde

Deniz Deren, Lena Krause, Tobias Lutzi

Den Vorträgen von *Klaus Schurig* und *Karsten Otte* folgte eine erste Diskussionsrunde.

Zunächst mahnte *Bernhard Großfeld,* auch angesichts des hohen methodischen Werts des im 19. und 20. Jahrhundert entwickelten IPRs zu bedenken, dass dieses letztlich im römischen Recht verwurzelt und daher in anderen Rechtskreisen zum Teil erheblichen Verständnisschwierigkeiten ausgesetzt sei. Hierauf müsse die neue Generation eingestimmt werden. Als Beispiel verwies er auf seine Erfahrungen bei der Vermittlung des europäischen Vertragsrechts in der Volksrepublik China.

Heinz-Peter Mansel wies zudem auf die zusätzlichen Herausforderungen hin, die mit der rasanten Fortentwicklung des Europäischen IPRs einhergingen. So könne man in Anbetracht der erheblichen Zunahme von Ausweichklauseln durchaus von einer neuen Qualität des auf diese Weise in hohem Maße an der Begünstigung materiell-rechtlicher Ergebnisse ausgerichteten Kollisionsrechts sprechen. Das Vorhandensein eines zentralen europäischen Gesetzgebers werfe zudem die Frage nach der Rechtsfortbildungsfähigkeit des europäischen Kollisionsrechts auf.

Dem schloss sich *Jan von Hein* an, der den Neuigkeitswert des Europäischen IPR – sowohl hinsichtlich der Methode als auch hinsichtlich der sachlichen Ergebnisse – anhand der autonomen Qualifikation, der Differenzierung des *renvoi* nach Mitglieds- und Drittstaaten und dem Anerkennungsprinzip exemplifizierte.

In seiner Antwort machte *Klaus Schurig* deutlich, dass er die angeführten Neuerungen keineswegs in Abrede stelle, aber der Überzeugung sei, dass sich diese grundsätzlich mit dem vorhandenen Instrumentarium erklären ließen; ob man insoweit von Quantität oder einer neuen Qualität spreche, sei letztlich willkürlich. Die den Mitgliedstaaten tatsächlich weitgehend aus der Hand genommene Rechtsfortbildung möge insofern eine Ausnahme darstellen, es handele sich dabei jedoch nicht um ein kollisionsrechtliches, sondern um ein generelles Problem, mit dem man sich in Zukunft auseinandersetzen müsse.

Abschließend wies *Karsten Otte* auf die pragmatischen und sehr flexiblen Elemente des Europäischen Kollisionsrechts hin. Der Europäische Gesetzgeber reagiere mit der zunehmenden Anzahl von Rechtswahlmöglichkeiten, Aufenthaltsanknüpfungen und Ausweichklauseln lediglich auf ein mit der Verschmelzung der Märkte gesteigertes Bedürfnis nach diesen Instrumenten. Eine aktive Teilnahme der Mitgliedstaaten am Rechtsetzungsprozess sei durchaus möglich; diese gestalte sich bisweilen zäh und mühsam, sei aber dennoch als Chance zu sehen und durch nationale Akteure noch engagierter zu nutzen.

Was bleibt vom renvoi?*

Haimo Schack

I. Herkunft und Funktion

Der *renvoi* als Oberbegriff für Rück- und Weiterverweisungen gehört zum Kern der allgemeinen Lehren des IPR. Generationen von Studenten haben an ihm das kollisionsrechtliche Denken gelernt, die Unterscheidung von Sachnorm- und IPR-Verweisungen und der spezifischen Interessen auf kollisions- und auf materiellrechtlicher Ebene[1]. Für den Rechtsanwender, der in den Kategorien seines eigenen materiellen Rechts zu denken pflegt, ist das eine Herausforderung. Das ihm unbekannte und manchmal auch unsichere Terrain des IPR betritt er nur ungern, sucht lieber nach Vermeidungsstrategien. Das berühmte *bonmot* von *William L. Prosser* zeugt von diesem Unbehagen:

„The realm of the conflict of laws is a dismal swamp filled with quaking quagmires, and inhabited by learned but eccentric professors who theorize about mysterious matters in a strange and incomprehensible jargon. The ordinary court, or lawyer, is quite lost when engulfed and entangled in it.“[2]

Doch es hilft nichts. Solange es über 200 verschiedene nationale Privatrechtsordnungen gibt und weil sich ein Kurzschluss von internationaler Zuständigkeit und anwendbarem Recht nach *Ehrenzweigs* Motto *„lex propria in foro proprio“*[3] verbietet[4], müssen wir uns um eine prinzipiengeleitete Ordnung des Kollisionsrechts bemühen. Für uns *„eccentric professors“* kommt der intellektuelle Reiz des IPR hinzu, der sich besonders beim *renvoi* zeigt. Mein Favorit ist die

---

* Vorab erschienen in IPRax 2013, 315–320.

[1] Grundlegend zur internationalprivatrechtlichen Gerechtigkeit *Kegel/Schurig*, Internationales Privatrecht, 9. Aufl. 2004, § 2, S. 131 ff., und speziell zum *renvoi* § 10 III 3, S. 395 ff. Kritik an dieser Vorstellung von einem „räumlich besten Recht“ bei *Schack*, Das IPR – ein Buch mit sieben Siegeln, reif für das moderne Antiquariat?, in: Liber Amicorum Gerhard Kegel, 2002, S. 179, 188 ff.

[2] *Prosser*, Interstate Publication, Michigan L.Rev. 51 (1953), 959, 971.

[3] *Ehrenzweig*, A Proper Law in a Proper Forum, Oklahoma L.Rev. 18 (1965), 340, 352.

[4] Zu den spezifisch zuständigkeitsrechtlichen Interessen vgl. *Jochen Schröder*, Internationale Zuständigkeit, 1971, S. 107 ff.; *Schack*, Internationales Zivilverfahrensrecht, 5. Aufl. 2010, Rn. 229 ff., 248.

versteckte hypothetische Teilqualifikationsrückverweisung, der wir uns gleich noch zuwenden werden.

1. Grundgedanke

Der Grundgedanke des *renvoi* ist viel einfacher[5]. Berühmt ist der Fall *Forgo*[6]. In ihm ging es um die Beerbung eines unehelich geborenen bayerischen Staatsangehörigen, der in Frankreich gelebt und dort beträchtliches Vermögen erworben hatte. Nach französischem Recht galt der Nachlass als erblos, nach bayerischem Recht hätten Seitenverwandte der Mutter geerbt. Einen Wohnsitz in Frankreich hatte der Erblasser nur nach bayerischer, nicht aber (mangels hoheitlicher Genehmigung) nach französischer Auffassung. Über die Beachtung eines *renvoi* des Wohnsitzrechts konnte sich der französische Staat den Nachlass sichern.

Dieses willkommene materiellrechtliche Ergebnis rechtfertigt den *renvoi* selbstverständlich nicht. Seine kollisionsrechtliche Funktion ist die Erleichterung des internationalen Entscheidungseinklangs[7], d.h. in der Sache möglichst genauso zu entscheiden, wie der Staat, auf dessen Recht unser Kollisionsrecht verweist[8]. Hier kann ein *renvoi* unter günstigen Umständen eine divergierende Anknüpfung des Personalstatuts[9] (an die Staatsangehörigkeit, Wohnsitz, Domizil oder gewöhnlichen Aufenthalt) überbrücken[10] und dadurch hinkende Rechtsverhältnisse vermeiden helfen.

Klassisches Beispiel ist die Beerbung eines Dänen mit Wohnsitz in Kiel: Art. 25 Abs. 1 EGBGB beruft dänisches Recht, das wiederum im Wege einer Sachnormrückverweisung deutsches Recht beruft. Im Ergebnis wenden also die Gerichte beider Staaten deutsches Erbrecht an. Eine solche Überbrückung nationaler Kollisionsrechtsunterschiede gelingt aber längst nicht immer. Wenn es sich bei der Rückverweisung um keine Sachnorm- sondern um eine IPR-Ver-

---

[5] Zur Geschichte des *renvoi Sonnentag,* Der Renvoi im internationalen Privatrecht, 2001, S. 19 ff.; *Hausmann,* in: Staudinger, BGB, 2003, Art. 4 EGBGB Rn. 26 ff.

[6] Zu ihm *Kegel/Schurig* (Fn. 1), S. 389 f. Die Urteile der *Cour de cassation* vom 24.6.1878 und 22.2.1882 sind abgedruckt in *Schack,* Höchstrichterliche Rechtsprechung zum Internationalen Privat- und Verfahrensrecht (HRR), 2. Aufl. 2000, Fall Nr. 2.

[7] Vgl. *Sonnenberger,* in: MünchKomm-BGB, Band 10, 5. Aufl. 2010, Art. 4 EGBGB Rn. 23.

[8] Zu diesem Ziel des Kollisionsrechts *Kegel/Schurig* (Fn. 1), S. 397: „Nur wer genau so entscheidet, wie im Ausland tatsächlich entschieden wird, macht mit der Anwendung ausländischen Rechts wirklich Ernst."

[9] Vgl. den Anwendungsbereich des *renvoi* in Art. 27 EGBGB i. d. F. von 1896. Zu dessen wechselhafter Gesetzgebungsgeschichte *Hartwieg/Korkisch,* Die geheimen Materialien zur Kodifikation des IPR 1881–1896, 1973, S. 139 f., 355.

[10] Das anerkennen auch *von Overbeck,* Recueil des Cours 176 (1982 III) 9, 167, und *Mäsch,* Der Renvoi – Plädoyer für die Begrenzung einer überflüssigen Rechtsfigur, RabelsZ 61 (1997), 285, 311.

weisung handelt oder wenn beide Staaten der *foreign court*-Theorie[11] folgen, kommt es zu einem endlosen Pingpong-Spiel[12] *(double renvoi)* auf kollisionsrechtlicher Ebene, das man abbrechen muss, am besten wie nach Art. 4 Abs. 1 S. 2 EGBGB[13] im eigenen Recht[14].

2. Nebeneffekt

Damit zeigt sich ein praktisch sehr willkommener Nebeneffekt des *renvoi*. Wenn sich ein internationaler Entscheidungseinklang schon nicht erzielen lässt, führt der Abbruch der Rückverweisung immerhin dazu, dass beide Staaten auf den Fall ihr eigenes Recht anwenden können und nicht das Recht des jeweils anderen anwenden müssen. Es besteht kein Anlass dazu, diesen praktischen Vorteil (Heimwärtsstreben[15]) einseitig zugunsten einer Anwendung des ursprünglich berufenen ausländischen Rechts aufzugeben[16].

Dass der *renvoi* nicht immer zum gewünschten internationalen Entscheidungseinklang führt, spricht nicht gegen diese Rechtsfigur[17]. Ideallösungen darf man in einer unvollkommenen Welt divergierender (Kollisions-)Rechtsordnungen nicht erwarten. Der *renvoi* eröffnet zwei Chancen, die man sich nicht entgehen lassen sollte, auch wenn deren Verwirklichung vom Inhalt des ausländischen Kollisionsrechts abhängt. Der *renvoi* kann zum Entscheidungseinklang führen und unter weniger günstigen Umständen immerhin dazu, dass die Gerichte beider Staaten ihr jeweils eigenes Recht anwenden können und dabei im Einklang mit den Kollisionsnormen des ausländischen Rechts handeln. Das Interesse, an der ursprünglichen Verweisung des eigenen Kollisionsrechts festzuhalten, ist in aller Regel nicht so groß, dass man die eigenen Kollisionsnormen unbedingt alle als Sachnormverweisungen ausgestalten müsste[18].

---

[11] Zu ihr vgl. *Kegel/Schurig* (Fn. 1), S. 399; *In re Ross* [1930] 1 Ch. 377 = [1929] All ER 456 = *Schack* (Fn. 6), Fall Nr. 3.

[12] Das Bild stammt von *Ehrenzweig*, A Treatise on the Conflict of Laws, 1962, S. 335.

[13] Zum *renvoi* in der IPR-Novelle von 1986 vgl. *Ebenroth/Eyles,* Der Renvoi nach der Novellierung des deutschen Internationalen Privatrechts, IPRax 1989, 1–12; *Kartzke,* Renvoi und Sinn der Verweisung, IPRax 1988, 8–13.

[14] Als praktisch akzeptiert von *Kegel/Schurig* (Fn. 1), S. 399 f.; noch als verfehlt kritisiert von *Kegel,* Internationles Privatrecht, 7. Aufl. 1995, S. 289.

[15] Hierzu RegE vom 20.10.1983, BT-Dr. 10/504, S. 38; *Sonnentag* (Fn. 5), S. 141–147; *von Hoffmann/Thorn,* Internationales Privatrecht, 9. Aufl. 2007, § 6 Rn. 91 f.

[16] Gegen den Vorschlag von *Sonnentag* (Fn. 5), S. 301–305.

[17] Wie hier *Kropholler,* Internationales Privatrecht, 6. Aufl. 2006, § 24 I 3, S. 166. Gegen *Mäsch,* RabelsZ 61 (1997), 296, 299.

[18] Vgl. Art. 4 Abs. 1 S. 1 EGBGB und unten II. 2.

3. Tennessee-Wechsel

Die Chancen und Schwierigkeiten eines *renvoi* zeigt der *Tennessee-Wechsel*-Fall des Reichsgerichts[19], den *Kegel* als Qualifikationsproblem behandelt[20]. Hiermit kommen wir an das Hochreck der versteckten hypothetischen Teilqualifikationsrückverweisung. Der Aussteller eines dem Recht von Tennessee unterliegenden Eigenwechsels war bald darauf nach Bremen verzogen und wurde hier im Wechselprozess auf Zahlung verklagt. Die dreijährige Verjährungsfrist des deutschen Wechselrechts[21] war abgelaufen, die in Tennessee geltende sechsjährige Frist noch nicht. In Deutschland wird die Verjährung seit jeher materiellrechtlich qualifiziert[22], in Tennessee (jedenfalls damals) prozessual. Das deutsche Kollisionsrecht (heute Art. 93 Abs. 1 WG) beruft das Wechselrecht von Tennessee, das jedoch keine Verjährungsvorschriften kennt, da es diese prozessual qualifiziert. Das Prozessrecht von Tennessee ist aber in einem deutschen Wechselprozess nicht anwendbar. Die deutsche Qualifikation der Verjährungsvorschriften als materiellrechtlich führt damit zu Normenmangel. Die Unverjährbarkeit des Wechsels ist jedoch ein Ergebnis, das beide Rechtsordnungen mit Sicherheit nicht wollen.

Aus diesem Dilemma gibt es zwei Auswege: Entweder man wendet das Recht von Tennessee ohne Rücksicht darauf an, wie dieses die Verjährung qualifiziert[23], oder man entnimmt ihm, wie *Kegel* es vorschlägt[24], eine allein auf die Verjährung bezogene (Teil-)Qualifikationsrückverweisung auf das deutsche Recht, dann wäre der Wechselanspruch hier verjährt. *Kegels* Lösung über den *renvoi* hat den Reiz des Komplizierten. Die Qualifikationsrückverweisung ist versteckt, weil sie sich nicht im Kollisions- sondern im Prozessrecht befindet, und hypothetisch, weil der ausländische Staat nie Gelegenheit hat, sie tatsächlich auszusprechen[25]. Die Beachtung versteckter hypothetischer Rückverweisungen ist vor allem[26] im Internationalen Familienrecht im Verhältnis zu *com-*

---

19 RG 4.1.1882, RGZ 7, 21 *(promissory notes).*

20 *Kegel/Schurig* (Fn. 1), S. 141 f., 351 f.; vgl. auch *Kegel,* Die Grenze von Qualifikation und Renvoi im internationalen Verjährungsrecht, 1962, S. 37 ff.; *Schack* (Fn. 4), Rn. 589.

21 Vgl. heute Art. 70 Abs. 1 und Abs. 2 WG.

22 So schon RGZ 7, 21, 22; heute Art. 12 Abs. 1 lit. d Rom I-VO. Ebenso für Art. 93 Abs. 1 WG OLG Saarbrücken WM 1998, 2465, 2467.

23 So RGZ 145, 121, 126 ff., *131 (englische Wechsel).* RGZ 7, 21, 23 f. hingegen lässt offen, ob das Recht von Tennessee oder Unverjährbarkeit gilt.

24 *Kegel/Schurig* (Fn. 1), S. 410 f.; *Kegel* (Fn. 20), S. 39 ff.; *Müller-Freienfels,* Die Verjährung englischer Wechsel vor deutschen Gerichten, in: FS Zepos, 1973, II S. 491–534, 520 ff.; dagegen *Lüderitz,* in: Soergel, BGB, Band 10, 12. Aufl. 1996, nach Art. 10 EGBGB Rn. 124 m.w.N.

25 Vgl. *Kegel/Schurig* (oFn. 1), S. 411; *Lüderitz,* Internationales Privatrecht, 2. Aufl. 1992, Rn. 164 f.

26 Eine größere Rolle spielen auch Qualifikationsrückverweisungen, etwa beim Erbrecht eines Adoptivkindes; vgl. KG FamRZ 1988, 434 mit Anm. *Lüderitz,* 881 = *Schack* (Fn. 6), HRR, Fall Nr. 4 und dort Anm. 6, und heute Art. 22 Abs. 3 S. 1 EGBGB.

mon-law-Staaten ein probates Mittel, um internationalen Entscheidungseinklang und Heimwärtsstreben miteinander zu verbinden[27]. Fraglich ist, ob eine solche Teilqualifikationsrückverweisung im (Wechsel-)Vertragsrecht funktionieren kann.

Im Vertragsrecht ist jeglicher *renvoi* ausgeschlossen. Das folgte bis zum 17.12.2009 aus Art. 35 Abs. 1 EGBGB und seitdem aus Art. 20 Rom I-VO. Auch wenn die Verordnung gemäß Art. 1 Abs. 1 lit. d auf Wechselverpflichtungen keine Anwendung findet, folgt der Ausschluss des *renvoi* immer noch aus der staatsvertraglichen Herkunft von Art. 93 WG[28] (siehe unten III.). Im Vertragsrecht funktioniert *Kegels* Lösung also nicht (mehr). Darüber hinaus ist eine Aufspaltung des Vertragsstatuts zwar theoretisch möglich[29], aber unerwünscht. Das gilt besonders für Verjährungsfragen, wenn man das ausländische Vertragsstatut daraufhin untersuchen müsste, ob es die Verjährung materiell- oder prozessrechtlich begreift. Auch in den Rechtsordnungen des *Common Law* wird nämlich die Verjährung über „*borrowing statutes*" und „*built-in limitations*" heute immer mehr zum materiellen Vertragsrecht gezogen[30]. Eine hypothetische Rückverweisung auf das deutsche Prozessrecht brächte daher einen erheblichen Prüfungsaufwand[31], jedoch keinen Gerechtigkeitsgewinn, sondern nur einen zusätzlichen Anreiz zum *forum shopping*[32]. Man geht deshalb besser geradeaus und wendet das ausländische Vertragsstatut (hier das Recht von Tennessee) in seiner Gesamtheit an und qualifiziert dort die Verjährung notfalls materiellrechtlich um. Der Tennessee-Wechsel ist damit nur ein Qualifikations-, aber kein *renvoi*-Problem. Ein *renvoi* ist hier also nicht hilfreich.

---

[27] Vgl. *Schurig*, Eine hinkende Vereinheitlichung des internationalen Ehescheidungsrechts in Europa, in: FS von Hoffmann 2011, S. 405, 413 „sehr segensreich"; *Looschelders*, Internationales Privatrecht – Art. 3–46 EGBGB, 2004, Art. 4 Rn. 6–8; *von Bar/Mankowski*, Internationales Privatrecht I, 2. Aufl. 2003, § 7 Rn. 218 f. Ablehnend *Sonnenberger*, Sackgassen des versteckten hypothetischen Renvoi, in: Mélanges Sturm, 1999, II S. 1683–1696.

[28] Text des Genfer Abkommens vom 7.6.1930 über das einheitliche Wechselgesetz (RGBl. 1933 II 377) auch in *Baumbach/Hefermehl/Casper*, Wechselgesetz Scheckgesetz, 23. Aufl. 2008, S. 439 ff. – Art. 17 der Anlage II des Abkommens überlässt den Vertragsstaaten nicht die Bestimmung der Verjährungsfrist, sondern nur der Gründe für die Unterbrechung und die Hemmung der Verjährung.

[29] Vgl. Art. 3 Abs. 1 S. 3 Rom I-VO.

[30] Vgl. *Schack* (Fn. 4), Rn. 590.

[31] Auch deshalb ablehnend *Mäsch*, RabelsZ 61 (1997), 301.

[32] Vgl. *Schack* (Fn. 4), Rn. 589.

II. Einstellung der nationalen Kollisionsrechte zum renvoi

1. Akzeptanz des renvoi

Die Sinnhaftigkeit eines *renvoi* ist in der Lehre umstritten[33]. Unterschiedlich reagieren auch die nationalen Kollisionsrechte auf das Problem der IPR-Verweisung[34]. *Renvoi*-feindlich sind etwa Dänemark und Griechenland (Art. 32 ZGB), deren Kollisionsrecht nur Sachnormverweisungen[35] ausspricht; das galt bis 1995 auch für Italien[36]. Viele Staaten jedoch akzeptieren ihn jedenfalls dann, wenn er in das eigene Recht zurückführt[37]. Generell *renvoi*-freundlich sind Frankreich, Deutschland (Art. 4 Abs. 1 S. 1 EGBGB 1986) und Österreich (§ 5 IPRG 1978), auch wenn Rückverweisungen dort jeweils im eigenen Recht abgebrochen werden[38].

2. Ausnahmen

Doch macht man Ausnahmen, wenn eine IPR-Verweisung „dem Sinn der Verweisung" widerspräche (Art. 4 Abs. 1 S. 1 letzter Hs. EGBGB). Wenn die Parteien das anwendbare Recht gewählt haben, ist ein *renvoi* ausgeschlossen[39]. Denn die Parteien wollen ihr Rechtsverhältnis unmittelbar und vorhersehbar regeln und nicht auf kollisionsrechtlicher Ebene Pingpong spielen. Weithin einig ist man sich auch, dass bei alternativen Anknüpfungen, die wie das Formstatut in Art. 11 Abs. 1 EGBGB mit dem *favor validitatis* ein bestimmtes materiellrechtliches Ergebnis begünstigen wollen, eine die Alternativen reduzierende Rückverweisung ausgeschlossen ist[40].

---

[33] Grundsätzlich dafür *Sonnentag* (Fn. 5); *Solomon*, Die Renaissance des Renvoi im Europäischen IPR, in: Liber Amicorum Klaus Schurig, 2012, S. 237–263; grundsätzlich dagegen *Mäsch* (o. Fn. 10), S. 311.

[34] Älterer Überblick bei *Lüderitz* (Fn. 25), Rn. 152 f. Ausführliche Länderberichte bei Staudinger/*Hausmann* (Fn. 5), im Anhang zu Art. 4 EGBGB.

[35] Vgl. Art. 3a Abs. 1 EGBGB.

[36] Art. 30 disp. prel. 1942. Anders seit dem IPRG vom 31.5.1995, dessen Art. 13 Abs. 1 sogar angenommene Weiterverweisungen auf einen dritten Staat für beachtlich erklärt. Vgl. *Lindenau,* Die Einführung des Renvoi in das internationale Privatrecht Italiens, 2001; *Kapellmann*, ZfRV 1997, 177–183.

[37] So etwa Spanien in Art. 12 Abs. 1 C. Civ.; Polen Art. 5 Abs. 1 IPRG vom 4.2.2011 (deutsche Übersetzung bei *Wowerka,* IPRax 2011, 609 ff.); und beschränkt auf das Personalstatut: Schweiz Art. 14 Abs. 2 IPRG 1987; Belgien Art. 34 § 1 Abs. 2 IPRG 2004 (als Ausnahme von Art. 16); vgl. *Reichart,* Der Renvoi im schweiz. IPR, 1996.

[38] Art. 4 Abs. 1 S. 2 EGBGB, § 5 Abs. 2 öst. IPRG. Für Frankreich vgl. Staudinger/*Hausmann* (Fn. 5), Anhang zu Art. 4 EGBGB Rn. 163 ff., 172.

[39] So ausdrücklich Art. 4 Abs. 2 EGBGB, Art. 13 Abs. 2 ital. IPRG, Art. 5 Abs. 2 poln. IPRG und „im Zweifel" auch § 11 Abs. 1 öst. IPRG.

[40] *Kegel/Schurig* (Fn. 1), S. 405; *von Hoffmann/Thorn* (Fn. 15), § 6 Rn. 113; *Spellenberg,* in: MünchKomm-BGB, Band 10, 5. Aufl. 2010, Art. 11 EGBGB Rn. 12 ff. Ausdrücklich § 8

Ansonsten lässt sich über den „Sinn der Verweisung" trefflich spekulieren. So halten manche einen *renvoi* für ausgeschlossen, wenn die Anknüpfung auf einer Ausweichnorm der „wesentlich engeren Verbindung" wie in Art. 41 Abs. 1, 46 EGBGB[41] beruht[42]. Das hat jüngst auch der BGH für eine akzessorische Anknüpfung des Deliktsstatuts nach Art. 41 Abs. 2 Nr. 1 EGBGB angenommen[43]. Auf jeden Fall zu weit geht der BGH, wenn er über den „Sinn der Verweisung" in Art. 4 Abs. 1 S. 1 EGBGB gleichberechtigungswidriges ausländisches Kollisionsrecht zu Fall bringen will[44]; denn dessen Anwendung verstößt nicht gegen den „Sinn der Verweisung", sondern allenfalls gegen den deutschen *ordre public* des Art. 6 EGBGB[45].

3. Weiterverweisung

Bei einer Weiterverweisung erreicht man den größtmöglichen Entscheidungseinklang, wenn man ihr folgt und genau so entscheidet, wie der erste weiterverweisende Staat[46]. Umstritten ist nur, ob man im weiteren Verlauf eine Rückverweisung analog Art. 4 Abs. 1 S. 2 EGBGB im deutschen Recht abbrechen darf[47]. Die Praktikabilitätserwägungen (o. I. 2.) sprechen dafür.

öst. IPRG, Art. 13 Abs. 2 ital. IPRG, Art. 5 Abs. 2 poln. IPRG. A. A. *Solomon,* in: FS Schurig (Fn. 33), S. 262. – Ob dies auch für die alternative Anknüpfung des Deliktsstatuts in Art. 40 Abs. 1 EGBGB gilt, ist sehr streitig; ablehnend: *von Hein,* Rück- und Weiterverweisung im neuen deutschen Internationalen Deliktsrecht, ZvglRWiss 99 (2000), 251, 266 ff.; *Looschelders* (Fn. 27), Rn. 23 (bloße „Verlegenheitslösung"); bejahend: *Freitag/Leible,* Das Bestimmungsrecht des Art. 40 Abs. 1 EGBGB im Gefüge der Parteiautonomie des Internationalen Deliktsrechts, ZvglRWiss 99 (2000), 101, 140 f.; *von Hoffmann/Thorn* (Fn. 15), § 11 Rn. 61 (über Art. 4 Abs. 2 EGBGB).

[41] Ähnlich Art. 14 Abs. 1 Nr. 3 EGBGB „am engsten verbunden". Hier spricht sich die h. M. für die Beachtung eines *renvoi* aus; *von Hoffmann/Thorn* (Fn. 15), § 6 Rn. 116a; *Kropholler* (Fn. 17), § 24 II 2 a, S. 170.

[42] *Thorn,* in: Palandt, BGB, 72. Aufl. 2013, Art. 4 EGBGB Rn. 7; *Kropholler* (Fn. 17), § 24 II 2 a, S. 170; dagegen *Kegel/Schurig* (Fn. 1), S. 405; *Looschelders* (Fn. 27), Rn. 27. – In diesem Fall schließen einen *renvoi* ausdrücklich aus Art. 21 Abs. 2, 34 Abs. 2 EuErbRVO.

[43] BGHZ 190, 301, 312 m.w.N.; *Looschelders* (Fn. 27), Rn. 24; *Kropholler* (o. Fn. 17), S. 172; a.A. *Kegel/Schurig* (Fn. 1), S. 405 f.

[44] BGH IPRax 1988, 100, 103 mit abl. Anm. *Schurig,* 90, 93 *(Italien).*

[45] Ebenso *Mäsch,* RabelsZ 61 (1997), 303; *Kegel/Schurig* (Fn. 1), S. 406; *Looschelders* (Fn. 27), Rn. 29.

[46] *Kegel/Schurig* (Fn. 1), S. 403; *Lüderitz* (Fn. 25), Rn. 163; *Sonnentag* (Fn. 5), S. 297–299.

[47] Dafür *Kegel/Schurig* (Fn. 1), S. 403; *Looschelders* (Fn. 27), Rn. 13; *Michaels,* Der Abbruch der Weiterverweisung im deutschen IPR, RabelsZ 61 (1997), 685, 708; dagegen *Sonnentag* (Fn. 5), S. 298 f.

III. Staatsvertragliche Kollisionsnormen

Alle Gedankenspiele zum *renvoi* im nationalen IPR brechen sich am Vorrang staatsvertraglichen und europäischen Kollisionsrechts. So konstatierte *Eugen D. Graue* schon vor 20 Jahren einen Niedergang des *renvoi*[48]. Staatsverträge schließen einen *renvoi* in aller Regel ausdrücklich oder stillschweigend aus. Grund hierfür ist zum einen die Selbstgewissheit, die richtige Anknüpfung gefunden zu haben. Zum anderen lässt sich Rechtssicherheit nur gewinnen, wenn man das Kollisionsrecht der Vertragsstaaten komplett ausschaltet. Bei kollisionsrechtlichen *lois uniformes* ist ein *renvoi* zwischen den Vertragsstaaten ohnehin undenkbar, weil in ihnen dieselbe staatsvertragliche Kollisionsnorm gilt. Nur wenn diese das Recht eines Nichtvertragsstaats beruft, der anders anknüpft, könnte die Beachtung eines *renvoi* in Betracht kommen (s. unten IV. 2.). Doch beharren die Staatsverträge auch insoweit auf dem Prinzip, dass ein *renvoi* in ihrem Anwendungsbereich ausgeschlossen ist.

Ausnahmen hiervon muss man mit der Lupe suchen. Eine Ausnahme aus der Anfangszeit der Haager Konferenz für IPR ist das Haager Eheschließungsabkommen vom 12.6.1902, das in Art. 1 für die Ehefähigkeit einen *renvoi* ausdrücklich zulässt[49]. Ausnahmen für die Wechsel- und die Scheckfähigkeit machen auch die beiden Genfer Abkommen von 1930 und 1931 (Art. 91 WG, Art. 60 ScheckG). Auf der ganzen Linie, auch wegen seiner Mängel, gescheitert ist das Haager *renvoi*-Abkommen vom 15.6.1955 zur Regelung der Konflikte zwischen dem Recht des Heimatstaates und dem Recht des Wohnsitzstaates[50].

Das Haager Übereinkommen vom 2.10.1973 über das auf Unterhaltspflichten anzuwendende Recht spricht in Art. 4 eine Sachnormverweisung auf das Aufenthaltsrecht aus, ebenso Art. 2 Abs. 1 MSA, Art. 15 Abs. 1 KSÜ[51] und Art. 13 Abs. 1 ErwSÜ. Art. 21 Abs. 1 KSÜ und Art. 19 ErwSÜ stellen noch einmal ausdrücklich klar, dass es sich um eine Sachnormverweisung handelt. Allein Art. 21 Abs. 2 KSÜ macht davon für gesetzliche Sorgerechtsverhältnisse eine Ausnahme, wenn das Recht eines Nichtvertragsstaats anwendbar ist und dessen Kollisionsrecht auf das Recht eines anderen Nichtvertragsstaats verweist, der

---

[48] *Graue,* Rück- und Weiterverweisung (renvoi) in den Haager Abkommen, RabelsZ 57 (1993), 27–61.

[49] Vgl. *Graue,* RabelsZ 57 (1993), 30 f. Das Abkommen gilt heute in Deutschland nur noch im Verhältnis zu Italien; vgl. *Jayme/Hausmann,* Internationales Privat- und Verfahrensrecht, 16. Aufl. 2012, Nr. 30 Fn. 1.

[50] Zu ihm ausführlich *Graue,* RabelsZ 57 (1993), 35 ff., 41.

[51] Vorrang hat das Haager Kindesentführungsübereinkommen vom 25.10.1980, dessen Art. 3 Abs. 1 lit. a überwiegend als IPR-Verweisung gedeutet wird; so *Graue,* RabelsZ 57 (1993), 56; *Kropholler,* Der Renvoi im vereinheitlichten Kollisionsrecht, in: FS Henrich, 2000, S. 393, 397; Palandt/*Thorn* (Fn. 42), Anhang zu Art. 24 EGBGB Rn. 32.

diese Weiterverweisung annimmt. Nur in diesem seltenen Fall nimmt das KSÜ damit Rücksicht auf den internationalen Entscheidungseinklang[52].

Das Haager Übereinkommen vom 5.10.1961 über das auf die Form letztwilliger Verfügungen anzuwendende Recht enthält zahlreiche alternative Anknüpfungen, die ihrem Begünstigungszweck entsprechend (s. o. II. 2.) in Art. 1 Abs. 1 als Sachnormverweisungen ausgestaltet sind[53].

Wie Art. 21 Abs. 2 KSÜ erklärt auch Art. 4 des noch nicht in Kraft getretenen Haager Übereinkommens vom 1.8.1989 über das auf die Rechtsnachfolge von Todes wegen anwendbare Recht eine Weiterverweisung durch einen Nichtvertragsstaat für beachtlich[54]. Ganz überwiegend jedoch sind die Staatsverträge *renvoi*-feindlich, indem sie nur Sachnormverweisungen aussprechen.

IV. Europäische Kollisionsnormen

Noch weiter zurückgedrängt wird der *renvoi* durch das europäische Kollisionsrecht, das sich in den letzten Jahren rasant entwickelt hat. Auch wenn es im sachlichen und (wegen Art. 81 AEUV) räumlichen Anwendungsbereich der EU-Verordnungen noch Lücken gibt, schrumpft das nationale Kollisionsrecht immer mehr bis zur Bedeutungslosigkeit.

1. Bestandsaufnahme

Art. 20 der Rom I-VO[55] schließt, wie früher Art. 15 EuVÜ[56] und Art. 35 I EGBGB, einen *renvoi* ausdrücklich aus[57]. Die Beschränkung auf Sachnormverweisungen ist im Vertragsrecht nicht weiter bemerkenswert, eher schon deren Übertragung in Art. 24 Rom II-VO[58]. Anders als früher im deutschen IPR ist damit für Ansprüche aus ungerechtfertigter Bereicherung, Geschäftsfüh-

---

[52] Vgl. *Kropholler* (Fn. 17), § 24 II 2 a, S. 179, und *ders.*, in: FS Henrich (Fn. 51), S. 402.

[53] Konsequent der Ausschluss des *renvoi* in Art. 27, 34 Abs. 2 EuErbVO.

[54] Vgl. *Graue*, RabelsZ 57 (1993), 58–60; Staudinger/*Hausmann* (Fn. 5), Art. 4 EGBGB Rn. 143.

[55] VO (EG) Nr. 593/2008 vom 17.6.2008 über das auf vertragliche Schuldverhältnisse anzuwendende Recht.

[56] Aus der Sicht des Vereinigten Königreichs und Dänemarks gilt weiterhin das EuVÜ, vgl. Erwgr. 45 f. zur Rom I-VO.

[57] Was mit dem letzen Halbsatz „soweit in dieser Verordnung nichts anderes bestimmt ist" gemeint sein soll, ist unklar; gedacht sein könnte an Art. 7 Abs. 3 S. 2 Rom I-VO; vgl. *Heinze*, Bausteine eines Allgemeinen Teils des europäischen IPR, in: FS Kropholler, 2008, S. 105, 117.

[58] VO (EG) Nr. 864/2007 vom 11.7.2007 über das auf außervertragliche Schuldverhältnisse anzuwendende Recht. Die Rom II-VO gilt wiederum nicht für Dänemark. Bemerkenswert ist der kleine Formulierungsunterschied jeweils im Erwgr. 6: Während die Rom I-VO „dasselbe Recht bestimmen" soll, soll die Rom II-VO „dieselben Verweisungen zur Bestimmung des anzuwendenden Rechts vorsehen".

rung ohne Auftrag oder unerlaubten Handlungen ein *renvoi* kategorisch ausgeschlossen, und zwar auch im Verhältnis zu Drittstaaten[59].

Für Unterhaltsansprüche hatte die Europäische Kommission einen sehr ungewöhnlichen Vorschlag gemacht[60]: Nehme der Drittstaat die Verweisung nicht an, dann sollte die *lex fori* anwendbar sein. Dagegen verzichtet die seit dem 18.6.2011 anwendbare EuUnterhVO (EG) Nr. 4/2009 in Art. 15 auf eine eigenständige Regelung des Kollisionsrechts und inkorporiert stattdessen das Haager Protokoll vom 23.11.2007 über das auf Unterhaltspflichten anzuwendende Recht[61]. Diese Selbstbeschränkung der EU war weise, denn zwei unterschiedliche *lois uniformes* hätten nur Chaos gestiftet. Das Haager Unterhaltsprotokoll von 2007 spricht gemäß Art. 12 – nicht überraschend – nur Sachnormverweisungen aus, sieht aber in Art. 4 Abs. 2, 4, ähnlich wie bisher[62], unterhaltsfreundliche Hilfsanknüpfungen vor.

Die Rom III-VO (EU) Nr. 1259/2010 vom 20.12.2010 zur Durchführung einer verstärkten Zusammenarbeit im Bereich der auf die Ehescheidung und Trennung ohne Auflösung des Ehebandes anzuwendenden Rechts[63] ersetzt seit dem 21.6.2012 unseren Art. 17 EGBGB. Diese Kollisionsrechtsvereinheitlichung beschränkt sich jedoch auf die 14 Mitgliedstaaten, die im Boot der Verstärkten Zusammenarbeit[64] sitzen[65]. Art. 11 Rom III-VO schließt jeglichen *renvoi* aus, doch lässt Art. 10 eine Scheidung *lege fori* zu, wenn sie nach dem berufenen Sachrecht nicht möglich ist. Durch diesen Ausschluss eines *renvoi* wird ein erzielbarer internationaler Entscheidungseinklang (insbesondere mit dem Vereinigten Königreich und Irland) mit Füßen getreten[66] (unten IV. 2.).

---

[59] *Mankowski,* Ausgewählte Einzelfragen zur Rom II-VO: Internationales Umwelthaftungsrecht, internationales Kartellrecht, renvoi, Parteiautonomie, IPRax 2010, 389, 398; *von Hein,* RabelsZ 73 (2009), 461, 474; *Sonnentag,* Zur Europäisierung des Internationalen außervertraglichen Schuldrechts durch die geplante Rom II-Verordnung, ZvglRWiss 105 (2006), 256, 307 f.

[60] Art. 19 des Vorschlags vom 15.12.2005, KOM (2005) 649 endg. Dagegen *Heinze,* in: FS Kropholler (Fn. 57), S. 118.

[61] EU-ABl. 2009 L 331/19, das Haager Unterhaltsübereinkommen vom 2.10.1973 ersetzend. Die Kollisionsregeln gelten jedoch nicht für das Vereinigte Königreich und Dänemark; vgl. *Andrae,* in: Rauscher (Hrsg.), EuZPR/EuIPR Kommentar 2010, Art. 1 EuUntVO Rn. 49 f.

[62] Vgl. Art. 5 f. des Haager Übereinkommens vom 2.10.1973 über das auf Unterhaltspflichten anzuwendende Recht und Art. 18 Abs. 1 und Abs. 2 EGBGB.

[63] EU-ABl. 2010 L 343/10; zu ihr *Gruber,* Scheidung auf Europäisch – die Rom III-Verordnung, IPRax 2012, 381–392; *Eva Becker,* Die Vereinheitlichung von Kollisionsnormen im europäischen Familienrecht – Rom III, NJW 2011, 1543–1546.

[64] Art. 20 EUV, Art. 326 ff. AEUV.

[65] Vgl. *Mansel/Thorn/Wagner,* Europäisches Kollisionsrecht 2011: Gegenläufige Entwicklungen, IPRax 2012, 1, 4.

[66] Vgl. *Schurig,* in: FS von Hoffmann (Fn. 27), S. 412 f.: „schwerer rechtspolitischer Fehler"; *Gruber,* IPRax 2012, 388: „wenig überzeugend".

Ausgeschlossen wird ein *renvoi* auch in Art. 24 des Vorschlags vom 17.3.2011 einer Verordnung über die Zuständigkeit, das anzuwendende Recht, die Anerkennung und die Vollstreckung von Entscheidungen im Bereich des Ehegüterrechts und in Art. 19 des parallelen Vorschlags für das Güterrecht eingetragener Partnerschaften[67].

Die auf Erbfälle ab dem 17.8.2015 anwendbare[68] ErbrechtsVO (EU) Nr. 650/2012 vom 4.7.2012[69] sieht in Art. 34 Abs. 1 – dem Vorbild von Art. 4 des Haager Erbrechtsübereinkommens von 1989 (o. III. 3.) folgend – einen *renvoi* vor, wenn der *Drittstaat* auf das Recht eines Mitgliedstaates verweist oder auf das Recht eines anderen Drittstaates, der diese Verweisung annimmt. Diese Lösung ist sehr viel vernünftiger[70] als der bornierte Ausschluss jeglichen *renvois*, wie ihn noch Art. 26 des Vorschlags der Kommission vom 14.10.2009 vorgesehen hatte[71].

2. Missachtung des internationalen Entscheidungseinklangs

Würdigt man die Entwicklung der letzten Jahre, so bestätigt sich der Bedeutungsverlust des internationalen Entscheidungseinklangs[72]. Das klassische Kollisionsrecht *Savigny*'scher Prägung, das auf der Gleichwertigkeit aller Rechtsordnungen und der ergebnisneutralen Suche nach dem räumlich besten Recht beruht, fällt einer Materialisierung der Anknüpfungsregeln zum Opfer[73]. Auf möglichst direktem Wege soll ein materiellrechtliches Ergebnis erreicht werden, das die Grundfreiheiten sichert, dem Binnenmarkt dient und die Verbraucher schützt. Ein *renvoi* kann da nur stören. Wo das für anwendbar erklärte Recht eines Drittstaates nicht zum gewünschten Ergebnis führt, greift das EU-Kolli-

---

[67] KOM (2011) 126/2 bzw. 127/2.

[68] Wiederum nicht im Vereinigten Königreich, Irland und Dänemark.

[69] EU ABl. 2012 L 201/107; zu ihr *Simon/Buschbaum,* Die neue EU-Erbrechtsverordnung, NJW 2012, 2393–2398; *Janzen,* Die EU-Erbrechtsverordnung, DNotZ 2012, 484–493.

[70] Vgl. *Heinze,* in: FS Kropholler (Fn. 57), S. 118 f.; *Remde,* Die Europäische Erbrechtsverordnung nach dem Vorschlag der Kommission vom 14. Oktober 2009, RNotZ 2012, 65, 75 f.

[71] KOM (2009) 154 endg.; mit einer kommentierenden Einführung abgedruckt in *Rauscher,* in: Rauscher (Fn. 61), S. 844 ff. Zu diesem Entwurf vgl. *Kindler,* Vom Staatsangehörigkeits- zum Domizilprinzip: das künftige internationale Erbrecht der Europäischen Union, IPRax 2010, 44–50; *Schurig,* Das internationale Erbrecht wird europäisch – Bemerkungen zur kommenden Europäischen Verordnung, in: FS Spellenberg, 2010, S. 343–353, auch hier den Ausschluss des *renvoi* kritisierend (S 349).

[72] So schon *Schack,* in: Liber Amicorum Kegel (Fn. 1), S. 187, 190; hierzu die Rezension von *Grothe,* Besprechung von Hilmar Krüger und Heinz-Peter Mansel (Hrsg.), Liber amicorum Gerhard Kegel, RabelsZ 70 (2006), 594, 599.

[73] Vgl. *Marc-Philippe Weller,* Anknüpfungsprinzipien im Europäischen Kollisionsrecht: Abschied von der „klassischen" IPR-Dogmatik?, IPRax 2011, 429, 435 f.; *Schack,* in: Liber Amicorum Kegel (Fn. 1), S. 193, 197.

sionsrecht vielmehr zu subsidiären Anknüpfungsregeln[74] und gibt den internationalen Entscheidungseinklang damit völlig preis.

Innerhalb der durch die EU-Verordnungen gebundenen Mitgliedstaaten wird mit den vereinheitlichten Kollisionsnormen der Entscheidungseinklang erreicht, im Verhältnis zu Drittstaaten jedoch verfehlt, wenn man jeglichen *renvoi* ausschließt. Das wird noch unverständlicher im Verhältnis zu solchen EU-Mitgliedstaaten, die durch die einschlägigen EU-Verordnungen nicht gebunden sind. So gibt es keinen vernünftigen Grund, in Art. 11 Rom III-VO eine versteckte Rückverweisung des englischen Scheidungsrechts zu vereiteln, zumal das Scheidungsurteil ohne Rücksicht auf das angewandte Scheidungsstatut anerkannt werden muss[75].

Im Bereich des Personalstatuts muss deshalb Raum für einen *renvoi* bleiben bzw. wieder geschaffen werden[76]. Insofern ist Art. 34 Abs. 1 EuErbVO zu begrüßen, mit der Maßgabe, dass der *renvoi* auf das Recht eines Mitgliedstaats (lit. a) dort abgebrochen werden muss[77]. Auch bei Weiterverweisungen könnte man noch etwas großzügiger sein als Art. 34 Abs. 1 lit. b EuErbVO.

V. Spielraum für einen renvoi im heutigen Kollisionsrecht

Der für einen *renvoi* im europäischen Kollisionsrecht verbleibende Spielraum ist gering. Nur gelegentlich wird unter engen Voraussetzungen ein *renvoi* eines Drittstaates für beachtlich erklärt (Art. 34 Abs. 1 EuErbVO). Die positiven Funktionen des *renvoi* werden damit nicht optimal ausgeschöpft[78].

Möglich bleibt ein *renvoi* in den immer kleiner werdenden Bereichen, die weder von staatsvertraglichem noch von europäischem Kollisionsrecht erfasst werden, und in den erfassten Bereichen bei der selbstständigen Anknüpfung dort nicht geregelter Vorfragen[79]. Das gilt etwa für die Geschäftsfähigkeit[80] und

---

[74] Siehe o. IV.1, Art. 10 Rom III-VO, Art. 4 Haager Unterhaltsprotokoll von 2007; vgl. auch Art. 6 Abs. 2 (Verbraucher), Art. 8 Abs. 1 Rom I-VO (Arbeitnehmer).

[75] Art. 21 ff., 25 EuEheVO (Brüssel IIa-VO); vgl. *Schurig,* in: FS von Hoffmann (Fn. 27), S. 412 f.

[76] Vgl. auch *Sonnenberger,* Grenzen der Verweisung durch europäisches internationales Privatrecht, IPRax 2011, 325, 330 zu Art. 8 des Vorschlags des Deutschen Rates für IPR einer EU-Verordnung über das internationale Gesellschaftsrecht (*renvoi* bei Verweisung auf einen Drittstaat „praktisch unabdingbar").

[77] Vgl. *Solomon,* in: FS Schurig (Fn. 33), S. 253.

[78] Siehe o. IV. 2.; im Verhältnis zu Drittstaaten auch *Bariatti/Pataut,* Codification et théorie générale du droit international privé, in: Fallon u.a. (Hrsg.), Quelle architecture pour un code européen de droit international privé?, 2011, S. 337, 359 f.

[79] Vgl. *Andrae,* in: Rauscher (Fn. 61), Art. 12 HUntStProt Rn. 2.

[80] Vgl. Art. 1 Abs. 2 lit. a, 13 Rom I-VO.

die Ehefähigkeit[81]. Zu einem *renvoi* kann es auch noch infolge unterschiedlicher Qualifikation eines Rechtsinstituts (z.B. Verlöbnisbruch, Morgengabe, Erbrecht des Fiskus) kommen[82].

Soweit danach noch ein Anwendungsbereich für das autonome deutsche Kollisionsrecht besteht, kann sich innerhalb der von ihm gezogenen Grenzen (Art. 4 Abs. 1, 2 EGBGB) ein *renvoi* entfalten. Im Vertragsrecht jedoch ist er ausgeschlossen, gleich ob das Vertragsstatut subjektiv oder objektiv angeknüpft wird. Im Deliktsrecht, insbesondere bei Persönlichkeitsrechtsverletzungen[83], hängt ein *renvoi* davon ab, ob man der alternativen Anknüpfung in Art. 40 Abs. 1 EGBGB einen materiellen Begünstigungszweck unterlegt (o. II. 2.). Im Sachenrecht kommt ein *renvoi* wegen der praktisch weltweiten Geltung der *lex rei sitae* (Art. 43 Abs. 1 EGBGB) kaum jemals in Betracht[84]. Und in der bisherigen Domäne des *renvoi,* im Personen-, Familien- und Erbrecht, macht sich immer mehr das europäische Kollisionsrecht breit.

VI. Vereinfachung des Kollisionsrechts

Muss man den Niedergang des *renvoi* und des klassischen Kollisionsrechts (oben IV. 2.) bedauern? Ich meine: innerhalb Europas nein, weltweit ja.

1. Innerhalb der EU

Innerhalb der EU schwindet die Bedeutung des Kollisionsrechts in dem Maße, wie das materielle Recht weiter angeglichen und vereinheitlicht wird. Logischer Endpunkt dieser Entwicklung ist die *lex fori*[85]. Wo dies, wie im Familien- und Erbrecht, wegen der rechtskulturellen Unterschiede nicht erwünscht ist, ist die *Parteiautonomie* die eleganteste Lösung[86]. Wo immer sie, ohne schutzwürdige Interessen Dritter zu verletzen, möglich ist und akzeptiert wird, bewirkt sie auf direktem Wege den internationalen Entscheidungseinklang. Die Gewährung von Parteiautonomie ist keine „Verlegenheitslösung“[87], sondern sie beruht auf der Einsicht, dass die Parteien in aller Regel selbst am besten wissen, wie sie ihre privaten Rechtsbeziehungen ausgestalten wollen. Hier reicht es, wenn man in Ausnahmefällen, bei Ungleichgewichtslagen oder zum Schutz überwiegender Interessen Dritter oder der Allgemeinheit, korrigierend mit Sonderanknüp-

---

[81] Die Testierfähigkeit hingegen ist Teil des Erbstatuts, Art. 24, 25 Abs. 1 lit. a EuErbVO.

[82] Qualifikationsrückverweisung, s. o. I. 3.

[83] Vgl. Art. 1 Abs. 2 lit. g, 30 Abs. 2 Rom II-VO.

[84] Zu den Auflockerungstendenzen des internationalen Kulturgüterschutzes vgl. *Schack*, Kunst und Recht, 2. Aufl. 2009, Rn. 523 ff.

[85] Vgl. *Schack*, in: Liber Amicorum Kegel (Fn. 1), S. 181, 197.

[86] Vgl. *Schack*, in: Liber Amicorum Kegel (Fn. 1), S. 195 f.

[87] Gegen *Kegel/Schurig* (Fn. 1), § 18 I 1 c, S. 653 zum Vertragsstatut.

fungen, Eingriffsnormen oder notfalls mit dem *ordre public* eingreift. Dass das europäische Kollisionsrecht nicht nur im Schuldrecht[88], sondern auch im Familien- und Erbrecht[89] vorrangig auf eine Rechtswahl der Parteien abstellt, ist deshalb zu begrüßen.

Allerdings werden die Parteien diese Gestaltungsmöglichkeiten häufig nicht kennen oder nutzen. Für diese Fälle bedarf es objektiver Anknüpfungsregeln. Diese sind am besten, wenn sie die Rechtssicherheit einer vorhersehbaren Lösung auf möglichst einfache Weise verwirklichen[90]. Diesem Vereinfachungsstreben läuft die Beachtung eines *renvoi* zuwider, zumal wenn die Rechtsanwender das Turnen auf der kollisionsrechtlichen Ebene nicht gelernt haben.

2. Verhältnis zu Drittstaaten

Den *renvoi* endgültig begraben darf man dennoch nicht. Im Verkehr mit Drittstaaten – und das sind die allermeisten Staaten dieser Welt – ist das klassische Kollisionsrecht den europäischen Materialisierungstendenzen deutlich überlegen[91]. Im weltweiten Maßstab lässt sich die kollisionsrechtliche Aufgabe nur lösen, wenn man von der Gleichwertigkeit aller Rechtsordnungen ausgeht, neutrale, ergebnisblinde Kollisionsnormen aufstellt und die Andersartigkeit ausländischen Rechts bis zur Grenze des *ordre public* (Art. 6 EGBGB) respektiert. Hier spricht nicht nur die *comitas gentium* dafür, der Einstellung des von uns berufenen ausländischen Kollisionsrechts zu folgen. Denn der mit einem *renvoi* verbundene etwas größere Aufwand auf kollisionsrechtlicher Ebene kann dazu beitragen, dass das Ideal des internationalen Entscheidungseinklangs erreicht oder zumindest – bei einem Abbruch der Rückverweisung – ohne schlechtes Gewissen inländisches Recht angewendet werden kann.

An dem Gebäude des IPR wird auch 160 Jahre nach *Friedrich Carl von Savigny* weiter gearbeitet. *Savigny* und andere Baumeister nach ihm, wie *Gerhard Kegel* und *Alexander Lüderitz*, haben die Fundamente gelegt und gestärkt, auch wenn das Haus heute anders aussieht und auf ihm die Europafahne weht. In diesem Gebäude behält der *renvoi* ein (kleines) Zimmer, das für die Weltoffenheit des klassischen IPR steht.

---

[88] Art. 3 Rom I-VO, Art. 14 Rom II-VO.

[89] Art. 5 Rom III-VO, Art. 22, 25 Abs. 3 EuErbVO, und in den Entwürfen zum Güterrecht.

[90] Zur dringend gebotenen Vereinfachung des Kollisionsrechts vgl. *Lüderitz*, Fortschritte im deutschen IPR, in: FS der Rechtswissenschaftlichen Fakultät zur 600-Jahr-Feier der Universität zu Köln, 1988, S. 271, 291; *Schack*, in: Liber Amicorum Kegel (Fn. 1), S. 197.

[91] So auch *Weller*, IPRax 2011, 437, s. o. IV. 2.

Zweite Diskussionsrunde

Deniz Deren, Lena Krause, Tobias Lutzi

Eine zweite Diskussionsrunde ergab sich im Anschluss an den Beitrag von *Haimo Schack*.

Gerald Mäsch eröffnete diese mit einem Verweis auf die teilweise erheblichen Schwierigkeiten bei der Anwendung des *renvois* und sprach sich sodann gegen den Abbruch der Rückverweisung aus. Ein Abbruch laufe nämlich der Anordnung der Kollisionsnorm, dass ausländisches Recht anzuwenden sei, zuwider. Das ergebe sich zumindest aus seinem Verständnis der Sinnklausel des Art. 4 Abs. 1 EGBGB. Ziel des Kollisionsrechts sei es, das anwendbare materielle Recht zu bestimmen, Zweck jeder Kollisionsnorm damit eine Sachnormverweisung. Dem widerspreche der *renvoi.*

Haimo Schack verwies in seiner Antwort auf die praktische Effizienz eines Abbruchs der Rückverweisung, die immer dann ins Gewicht falle, wenn ein internationaler Entscheidungseinklang wegen der Rückverweisung des ausländischen IPRs nicht zu erzielen sei. Dies entbinde freilich nicht von dem Bemühen, den Entscheidungseinklang für eine möglichst große Zahl von Fällen anzustreben und so die Gefahr von hinkenden Rechtsverhältnissen zu reduzieren, wobei der *renvoi* ein zentrales Instrument sei. Die Kompliziertheit einzelner Fälle spreche dabei nicht gegen das System im Allgemeinen. Auch zur Sinnklausel äußerte er sich differenziert. Schwierig sei, dass man – wie bei der Ausweichklausel – zwar zutreffende Ideen habe, aber Raum für richterliche Weiterentwicklung geben wolle und daher Blankettformulierungen bemühe, die letztlich nicht überzeugen könnten.

Bernhard Großfeld wies anschließend erneut auf Probleme hin, die sich auch hinsichtlich des *renvois* im Kontakt mit – für europäische Juristen – fremden, insbesondere asiatischen Rechtsordnungen ergäben. So ließe sich das Vorliegen einer Rück- oder Weiterverweisung häufig gar nicht feststellen.

Haimo Schack sprach sich diesbezüglich dafür aus, zwischen Unsicherheiten hinsichtlich des materiellen und solchen in Bezug auf das Kollisionsrecht zu unterscheiden: Während bei Nichtermittelbarkeit des ausländischen materiellen Rechts zwar grundsätzlich auch die Anwendung des (rechtsvergleichend betrachtet) nächstverwandten Rechts in Betracht komme, in der Praxis aber stets die *lex fori* zur Anwendung gelange, führe die Nichtermittelbarkeit des ausländischen Kollisionsrechts zur Aufrechterhaltung der Verweisung und Anwendung des ausländischen Sachrechts.

Jan von Hein warf schließlich die Frage auf, ob eine Differenzierung bei der Behandlung des *renvoi* nach Mitglied- und Drittstaaten, wie sie etwa Art. 34 Abs. 1 EuErbVO vorsehe, dem Ziel der Vereinfachung der Rechtsanwendung nicht zuwiderlaufe.

Haimo Schack plädierte demgegenüber für eine Ausweitung derartiger Lösungen, berücksichtigten sie doch – anders als die Mehrheit der den *renvoi* vollständig ausschließenden EU-Verordnungen – die Vorteile des *renvoi* gerade im Verhältnis zu Drittstaaten. Vor diesem Hintergrund könne eine differenzierte Anwendung des *renvoi* zu einem weltweit praktikableren System und damit letztlich zu einer Vereinfachung des immer mehr Studierende und Praktiker überfordernden, europäisch überformten (Sach- und) Kollisionsrechts führen. Auch könne der *renvoi* dazu beitragen, die Andersartigkeit und Gleichwertigkeit aller Rechtsordnungen zu achten.

Schriftenverzeichnis von Gerhard Kegel

A. Monographien, Kommentierungen

1. Probleme der Aufrechnung, Diss. Berlin 1938, 225 S.
   Probleme der Aufrechnung: Gegenseitigkeit und Liquidität rechtsvergleichend dargestellt, Nachdruck der Ausgabe von 1938, 1996, XI u. 225 S.
2. (zusammen mit Hans Rupp und Konrad Zweigert) Die Einwirkungen des Krieges auf Verträge, 1941, 443 S.
   Die Einwirkung des Krieges auf Verträge in der Rechtsprechung Deutschlands, Frankreichs, Englands und der Vereinigten Staaten von Amerika, Nachdruck der Ausgabe von 1941, 1996, X u. 453 S.
3. Soergel: Bürgerliches Gesetzbuch
   8. Aufl.: Band 4, 1955, (Art. 1–31 EGBGB);
   9. Aufl.: Band 5, 1961, (Art. 1–31 EGBGB);
   10. Aufl.: Band 7, 1970, (Art. 7–31 EGBGB); Band 9, 1975, (Art. 7–31 EGBGB);
   11. Aufl.: Band 8, 1984, (Art. 7–11, 13–31, außer Rz. 197–323 vor Art. 7 und Art. 7 Rz. 28–38);
   12. Aufl.: Band 10, 1996, (vor Art. 3 – Art. 9, Art. 11 – Art. 12 Anh., Art. 18–20, Art. 23 Anh., Art. 24 EGBGB; zusammen mit Klaus Schurig: vor Art. 13)
4. Probleme des internationalen Enteignungs- und Währungsrechts, 1956, 53 S.
5. Internationales Privatrecht, 1960, XXVII u. 377 S.
   2. Aufl.: 1964, XXIV u. 427 S.;
   3. Aufl.: 1971, XXVI u. 483 S.;
   4. Aufl.: 1977, XXX u. 555 S. Spanische Übersetzung der 4. Aufl.: Derecho internacional privado (übersetzt von Betancourt Rey), 1982, XXXVII, 734 S.;
   5. Aufl.: 1985, XXXII u. 735 S.;
   6. Aufl.: 1987, XXXIV u. 796 S.;
   7. Aufl.: 1995, XLIX u. 941 S.;
   8. Aufl.: 2000, XLIV u. 1032 S. (zusammen mit Klaus Schurig), nebst Nachtrag 2001, 11 S.;
   9. Aufl.: 2004, XLV u. 1189 S. (zusammen mit Klaus Schurig)
6. Die Grenze von Qualifikation und Renvoi im internationalen Verjährungsrecht, 1962, 43 S.
7. Zur Schenkung von Todes wegen, 1972, 73 S.
8. Haftung für Zufügung seelischer Schmerzen, 1983, 52 S.
9. Humor und Rumor: Erinnerungen, 1997, 211 S.

10. Vertrag und Delikt, 2002, XII u. 148 S.
11. Vermögensbestand, Vermögensherrschaft, Vermögensschutz (aus dem Nachlass herausgegeben von Klaus Luig und Heinz-Peter Mansel), 2008, 47 S.

B. Herausgeberschaft

1. Gutachten zum internationalen und ausländischen Privatrecht, veröffentlicht im Auftrag des Deutschen Rates für Internationales Privatrecht:
   1965/1966 (zusammen mit Murad Ferid/Konrad Zweigert), 1968, 918 S.
   1967/1968 (zusammen mit Murad Ferid/Konrad Zweigert), 1970, IX u. 996 S.
   1969 (zusammen mit Murad Ferid/Konrad Zweigert), 1971, IX u. 437 S.
   1970 (zusammen mit Murad Ferid/Konrad Zweigert), 1971, IX u. 451 S.
   1971 (zusammen mit Murad Ferid/Konrad Zweigert), 1972, IX u. 445 S.
   1972 (zusammen mit Murad Ferid/Konrad Zweigert), 1972, IX u. 470 S.
   1973 (zusammen mit Murad Ferid/Konrad Zweigert), 1974, X u. 552 S.
   1974 (zusammen mit Murad Ferid/Konrad Zweigert), 1975, X u. 481 S.
   1975 (zusammen mit Murad Ferid/Konrad Zweigert), 1976, X u. 442 S.
   1976 (zusammen mit Murad Ferid/Konrad Zweigert), 1977, X u. 630 S.
   1977 (zusammen mit Murad Ferid/Konrad Zweigert), 1979, X u. 434 S.
   1978 (zusammen mit Murad Ferid/Konrad Zweigert), 1980, X u. 504 S.
   1979 (zusammen mit Murad Ferid/Konrad Zweigert), 1981, IX u. 452 S.
   1980/1981 (zusammen mit Murad Ferid/Konrad Zweigert), 1983, X u. 482 S.
   1982 (zusammen mit Murad Ferid/Konrad Zweigert), 1984, X u.460 S.
   1983 (zusammen mit Murad Ferid/Konrad Zweigert), 1985, XI u. 442 S.
   1984 (zusammen mit Murad Ferid/Konrad Zweigert), 1986, X u. 504 S.
   1985/1986 (zusammen mit Murad Ferid/Konrad Zweigert), 1989, X u. 539 S.
   1987/1988 (zusammen mit Murad Ferid/Konrad Zweigert), 1990, XI u. 671 S.
   1997 (zusammen mit Ulrich Drobnig/Murad Ferid), 1999, X u. 654 S.
   1998 (zusammen mit Ulrich Drobnig), 2001, XI u. 708 S

   1999 (zusammen mit Jürgen Basedow/Heinz-Peter Mansel), 2003, XI u. 520 S.

   2000/2001 (zusammen mit Jürgen Basedow/Heinz-Peter Mansel), 2004, X u. 769 S.

   2002 (zusammen mit Jürgen Basedow/Heinz-Peter Mansel), 2004, X u. 560 S.

   2003/2004 (zusammen mit Jürgen Basedow/Heinz-Peter Mansel), 2006 X u. 732 S.

2. (zusammen mit Josef Meixner) Festschrift für Leo Brandt zum 60. Geburtstag, 1968
3. (zusammen mit Erik Jayme) Gedächtnisschrift für Albert A. Ehrenzweig, 1976
4. Heinrich Lehmann. Ein großer Jurist des Rheinlands, Jugend und Beruf – Seine Lebenserinnerungen, 1976
5. (zusammen mit Werner Flume, Hugo J. Hahn, Kenneth R. Simmonds) Internationales Recht und Wirtschaftsordnung. International Law and Economic Order. Festschrift für F. A. Mann zum 70. Geburtstag, 1977
6. (zusammen mit Erik Jayme, Marcus Lutter) Ius inter Nationes. Festschrift für Stefan Riesenfeld aus Anlass seines 75. Geburtstages, 1983
7. Vorschläge und Gutachten zum Entwurf eines EG-Konkursübereinkommens, 1988

C. Beiträge in Festschriften und Sammelwerken

1. Der Gegenstand des Internationalen Privatrechts, FS Raape, 1948, S. 13–33
2. Empfiehlt es sich, den Einfluss grundlegender Veränderungen des Wirtschaftslebens auf Verträge gesetzlich zu regeln? Gutachten für den 40. Deutschen Juristentag, Verhandlungen des 40. Deutschen Juristentags, Bd. I Gutachten, Bürgerlich-rechtliche Abteilung, 1953, S. 139–236
3. Begriffs- und Interessenjurisprudenz im internationalen Privatrecht, FS Lewald, 1953, S. 259–288
4. La Tutelle, Conditions de Fond; La Tutelle, Procédure; in Le Droit International Privé de la Famille en France et en Allemagne, 1954, S. 398–408 und 415–422
5. Die Anwendung des Rechts ausländischer Staaten mit räumlicher Rechtsspaltung, FS Arnold, 1955, S. 61–79
6. Zum Rückerstattungskollisionsrecht der Britischen Zone, FS H. Lehmann, 1956, Bd. II, S. 522–544
7. Internationales und ausländisches Privatrecht, Aufgaben Deutscher Forschung, 2. Aufl. 1956, Bd. II, S. 349–358
8. Krieg und Privatrechtsverträge, in: Strupp-Schlochauer: Wörterbuch des Völkerrechts, Band II, 2. Auflage 1961, S. 316–320
9. Zur Reform des deutschen internationalen Rechts der persönlichen Ehewirkungen, in: von Lauterbach, Vorschläge und Gutachten zur Reform des deutschen internationalen Eherechts, 1962, S. 75–88
10. Zur Reform des deutschen internationalen Ehescheidungsrechts, in: von Lauterbach, Vorschläge und Gutachten zur Reform des deutschen internationalen Eherechts, 1962, S. 101–139

11. Privatrecht, Internationales, in: Handwörterbuch der Sozialwissenschaften, 47. Lieferung, 1963, S. 552–562
12. Zur Reform des deutschen internationalen Vormundschafts- und Pflegschaftsrechts, FS Dölle, 1963, Bd. II, S. 217–256
13. The Crisis of Conflict of Laws, Recueil de Cours, Bd. 112 (1964 II), S. 91–268
14. Zur Bindung an das gemeinschaftliche Testament im deutschen internationalen Privatrecht, FS Jahrreiß, 1964, S. 143–162
15. Les conflits de lois en matière d'opérations de banque, Annales de la Faculté de droit et des sciences économiques. Journées d'études de droit bancaire, 1965, 175–205
16. Zur Organisation der Ermittlung ausländischen Privatrechts, Festschrift Nipperdey, 1965, Bd. I, S. 453–470
17. Die Bankgeschäfte im deutschen IPR, Gedächtnisschrift R. Schmidt, 1966, S. 215–242
18. Die nachträgliche Heirat des französischen Rechts im deutschen IPR, FS Ficker, 1967, S. 262–281
19. Der Individualanscheinsbeweis und die Verteilung der Beweislast nach überwiegender Wahrscheinlichkeit, FS Kronstein, 1967, S. 322–344
20. Die Ermittlung ausländischen Rechts, in: Die Anwendung ausländischen Rechts im IPR (Festveranstaltung und Kolloquium anlässlich des 40jährigen Bestehens des Max-Planck-Instituts für ausländisches und internationales Privatrecht), 1968, S. 157–184
21. Die Scheidung auf der Reise, FS Fragistas, 1968 als Sonderdruck erschienen, S. 1–25
22. Sinn und Grenzen der Rechtsangleichung, in: Angleichung des Rechts der Wirtschaft in Europa, 1971, S. 9–47
23. Die Schenkung von Todes wegen im deutschen internationalen Privatrecht, FS Zepos, 1973, Bd. II, S. 313–358
24. Wandel auf dünnem Eis, in: Juenger, Zum Wandel des Internationalen Privatrechts, 1974, S. 35–44
25. Zum Pflichtteil vom Großgrundbesitz, FS Cohn, 1975, S. 85–134
26. Die Zuständigkeit des Prozeß- und Landwirtschaftsgerichts zur Entscheidung über Pflichtteilsansprüche nach BGB und Höfeordnung, FS Meyer, 1975, S. 397–413
27. Nemo minus iuris transferre potest, quam ipse habet, oder warum Erbteilungsverbote so kraftlos sind, FS Lange, 1976, S. 927–941
28. Die selbstgerechte Sachnorm, Gedächtnisschrift Ehrenzweig, 1976, S. 51–87
29. Obligation and Disposition. Should dispositions be „Abstrakt" or „Kausal"? in: Beiträge zum deutschen und israelischen Privatrecht, 1977, S. 103–130

30. Verpflichtung und Verfügung. Sollen Verfügungen abstrakt oder kausal sein?, Internationales Recht und Wirtschaftordnung. International Law and Economic Order, FS Mann, 1977, S. 57–86
31. 50 Jahre Max-Planck-Institut für ausländisches und internationales Privatrecht, in: Gesetzgebungstheorie, Juristische Logik, Zivil- und Prozeßrecht, Gedächtnisschrift für Jürgen Rödig, 1978, 302–312
32. Von wilden Tieren, zerstreuten Leuten und versunkenen Schiffen. Zum Verhältnis von Besitz und Eigentum beweglicher Sachen, FS von Caemmerer, 1978, S. 149–178
33. (zusammen mit Ignaz Seidl-Hohenveldern) Zum Territorialitätsprinzip im internationalen öffentlichen Recht, in: Konflikt und Ordnung. FS Ferid, 1978, S. 233–277
34. Zur Reform des internationalen Rechts der persönlichen Ehewirkungen und des internationalen Scheidungsrechts in der Bundesrepublik Deutschland, FS Schwind, 1978, S. 145–163
35. Die lachenden Doppelerben: Erbfolge beim Versagen von Urkundspersonen, FS Flume, 1978, Bd. I, S. 545–558
36. Zur Lage der Rechtswissenschaft, in: Flashaar/Lobkowicz/Pöggeler, Geisteswissenschaft als Aufgabe, 1978, S. 218–226
37. Vaterhaus und Traumhaus. Herkömmliches internationales Privatrecht und Hauptthesen der amerikanischen Reformer, FS Beitzke, 1979, S. 551–573
Englische Übersetzung: Paternal Home and Dream Home. Traditional Conflict of Laws and the American Reformers, American Journal of Comparative Law, Vol. 27 (1979), 615–633
38. Zur Reform des internationalen Vormundschafts- und Pflegschaftsrechts in der Bundesrepublik Deutschland, in: Multum non Multa, FS Lipstein, 1980, S. 117–134
39. Reden zum 50. Doktorjubiläum von Frederick Alexander Mann, gehalten am 4.7.1981, 1982, S. 9–13
40. Internationales und ausländisches Privatrecht, in: Schneider, Forschung in der Bundesrepublik Deutschland, 1983, S. 257–266
41. Sicherheit und Wahrscheinlichkeit im Recht, in: Ius inter Nationes, FS Riesenfeld, 1983, S. 129–145
42. Zum heutigen Stand des IPR: Stoffbewältigung, FS Hübner, 1984, S. 505–520
43. Referat in: Lausanner Kolloquium über den deutschen und den schweizerischen Gesetzesentwurf zur Neuregelung des internationalen Privatrechts, 1984, S. 271–277
44. Zum heutigen Stand des internationalen Privatrechts: Theorie und Rechtspolitik, in: Holl/Klinke, Internationales Privatrecht – Internationales Wirtschaftsrecht, 1985, S. 1–24

45. Verwirkung, Vertrag und Vertrauen, FS Pleyer, 1986, S. 513–538. Nach Erscheinen der Festschrift nochmals in ergänzter Fassung als Sonderdruck publiziert, 1993, 35 S.
46. Exequatur sur exequatur ne vaut, FS Müller-Freienfels, 1986, S. 377–393
47. Introduction, in: International Encyclopedia of Comparative Law, Vol. III: Private International Law, Chap. 1, 1986, S. 1–42
48. Fundamental Approaches, in: International Encyclopedia of Comparative Law, Vol. III, Private International Law, Chap. 3, 1986, S. 1–78
49. Die Rolle des öffentlichen Rechts im internationalen Privatrecht, FS Seidl-Hohenveldern, 1988, S. 243–278
50. Story und Savigny, Festschrift der Rechtswissenschaftlichen Fakultät zur 600-Jahr-Feier der Universität zu Köln, 1988, S. 65–93
Englische Übersetzung: Story and Savigny, American Journal of Comparative Law, Vol. 37 (1989), 39–66
51. Beweislast und Relationskunst, FS Baumgärtel, 1990, S. 201–213
52. Allgemeines Kollisionsrecht, Mélanges Alfred von Overbeck, 1990, S. 47–73
53. The Role of Public Law in Private International Law, Colloque de Bâle sur le rôle du droit public en droit international privé (1986), 1991, S. 29–62
54. Ernst Rabel, in: Europarecht, Energierecht, Wirtschaftsrecht 1992, S. 835–840
55. In memoriam Frederick Alexander Mann: Reden gehört am 8.2.1992 bei der Gedenkfeier der Rechts- und Staatswissenschaftlichen Fakultät der Rheinischen Friedrich-Wilhelms-Universität Bonn, 1992, S. 45–53
56. Ernst Rabel, in: Der Einfluß deutscher Emigranten auf die Rechtsentwicklung in den USA und in Deutschland, 1993, S. 277–279
57. Ernst Rabel (1874–1955), Vorkämpfer des Weltkaufrechts, in: Deutsche Juristen jüdischer Herkunft, 1993, S. 571–593
58. Erbfolge und Vermächtnis: heres ex re certa und Vindikationslegat, Liber Amicorum Seidl-Hohenveldern, 1998, S. 339–363
59. Das Ordnungsinteresse an realer Entscheidung im IPR und im internationalen Privatverfahrensrecht, FS Drobnig, 1998, S. 315–336
60. Zur Entwicklung der Auffassung vom Vertrag im kontinentalen Europa, Gedächtnisschrift Lüderitz, 2000, S. 347–384
61. Gerichtsstand und Geschäftsgrundlage, FS Henrich, 2000, S. 341–354
62. Zur Entwicklung der Auffassung vom Vertrag in England, FS Stoll, 2001, S. 195–232
63. Fünfzig Jahre internationales Privatrecht und das Kölner Institut für internationales und ausländisches Privatrecht – Anmerkungen zur Institutsgründung, in: Vergemeinschaftung des Europäischen Kollisionsrechts, Vorträge aus Anlaß des fünfzigjährigen Bestehens des Instituts für internationales und ausländisches Privatrecht der Universität zu Köln, 2002, 21 f.

64. Was ist gewöhnlicher Aufenthalt? Recht im Wandel seines sozialen und technologischen Umfeldes, FS Rehbinder, 2002, S. 699–706
65. Vermögen im Zeitfluss, causa und Obligation, in: Balancing of Interests, Liber Amicorum Peter Hay, 2005, S. 219–232
66. Ernst Rabel in: Deutschsprachige Zivilrechtslehrer des 20. Jahrhunderts in Berichten ihrer Schüler, Band 1, 2007, 17–28

D. Beiträge in Zeitschriften und Jahrbüchern

1. Entscheidungen zum Pflichtteil im Übergangsrecht Elsaß-Lothringens, Zeitschrift für ausländisches und internationales Privatrecht ZAIP (RabelsZ) Bd. 7 (1933), 467 ff.
2. (zusammen mit Adolf Blomeyer) Gesetzgebung in Frankreich im Jahre 1935, ZAIP (RabelsZ) Bd. 10 (1936), S. 820 ff.
3. Zum Änderungsrecht des Verlegers und Herausgebers, ZAIP (RabelsZ) Bd. 11, (1937), 94 ff.
4. Zur Aufrechnung pfandbelasteter Forderungen in den Vereinigten Staaten und Deutschland, ZAIP (RabelsZ) Bd. 12, (1938), 290 ff.
5. Transportstörungen im Cif-Geschäft mit China, Ostasiatische Rundschau 1939, 265 ff.
6. Vertragshilfe im Kriege und früheres Schuldrecht, Soziale Praxis 1940, 724 ff.
7. Zum Rechtsschutz des Mieters und Pächters im Kriege, Deutsches Recht 1940, 1864 ff.
8. Die Abwicklung von Vorkriegsverträgen der deutschen Wirtschaft mit dem Ausland, DRZ Beiheft 3, 1948
9. Das Hauptproblem des Vertragshilferechts, DRZ Beiheft 7, 1949, 3 ff.
10. Wann darf die Scheidungsklage gegen den im Ausland unauffindbaren oder unerreichbaren Ehegatten öffentlich zugestellt werden?, DRZ Beiheft 9, 1949, 11 ff.
11. Rohstoff und Rüstungskredite, JZ 1951, 385 ff.
12. Jurist und Laie, JZ 1952, 501 f.
13. Zum Unterhaltsanspruch des unehelichen Ostkinds gegen den Westvater, NJW 1953, 615 ff.
14. Reform des deutschen internationalen Eherechts, ZAIP (RabelsZ) Bd. 25 (1960), 201 ff.
15. La réforme du droit international du mariage en Allemagne, Rev. crit. dr. i. p. 1962, 641 ff.
16. (zusammen mit Alexander Lüderitz) Hindernis des Bandes für Ausländer trotz Scheidung in Deutschland? FamRZ 1964, 57 ff.
17. Leo Raape und das IPR der Gegenwart, RabelsZ Bd. 30 (1966), 1 ff.

18. Der Griff in die Zukunft (BGHZ 45, 95), JuS 1968, 162 ff.
19. L'abordage en haute mer en droit international privé, Rev. crit. dr. i. p. 1968, 393 ff.
    Spanische Übersetzung: El abordaje en alta mar en el Derecho Internacional Privado, Libro-homenaje a la memoria de Lorenzo Herrera Mendoza, Tomo I, 1970, 29–51
20. Zur Verbesserung der deutschen Zivilrechtsprechung in internationalen Sachen, Denkschrift vom 26. August 1970, RabelsZ Bd. 35 (1971), 323 ff.
21. Embarras de richesse, RabelsZ Bd. 36 (1972), 27 ff.
22. Joseph Story, RabelsZ Bd. 43 (1979), 609 ff.
23. (zusammen mit Ignaz Seidl-Hohenveldern) On the Territoriality Principle in Public International Law, Hastings Int. Comp. L. Rev. 5 (1982), 245 ff.
24. Scheidung von Ausländern im Inland durch Rechtsgeschäft, IPRax 1983, 22 ff.
25. Der Kinderreiche aus Ghana oder zum Statut des vorzeitigen Erbausgleichs, IPRax 1986, 229 ff.
26. Internationales Privatrecht – Rechtsangleichung in Europa und deutsche Reform, Rpfleger 1987, 1 ff.
27. Wohnsitz und Belegenheit bei Story und Savigny, RabelsZ 52 (1988), 431 ff.
28. Ernst Rabel – Werk und Person, RabelsZ 54 (1990), 1 ff.
29. The Conflict-of-Laws Machine – Zusammenhang im allgemeinen Teil des internationalen Privatrechts, IPRax 1996, 309 ff.
30. Konrad Zweigert (1911–1996), IPRax 1996, 295 f.
31. Ausdehnung, Rechtshistorisches Journal 2000, Band 19, S. 612 f.

E. Sonstiges

1. 41 Buchrezensionen und 9 Entscheidungsanmerkungen, Nachweise in Liber Amicorum Gerhard Kegel, 2002, S. 267–270
   Darunter: Gesamtdarstellungen des IPR. Handwerkliche Notizen zu Wenglers neuem Werk, IPRax 1981, 185 ff.
2. Glückwunschadressen, Nachrufe u.ä., Nachweise in Liber Amicorum Gerhard Kegel, 2002, S. 270 f.

F. Würdigungen

Nachrufe:

1. *Buxbaum, Richard*: Gerhard Kegel and Berkeley, in: Verein zur Förderung der Rechtswissenschaft (Hrsg.), Gerhard Kegel zum Gedächtnis, 2007, S. 31–34
2. *Csehi, Zoltán*: Gerhard Kegel (1912–2006) – Gerhard Kegel és a XX. század második felének német nemzetközi magánjoga (Gerhard Kegel und das deutsche internationale Privatrecht in der zweiten Hälfte des XX. Jahrhunderts), Magyar Jog 54 (2007), 348–361
3. *Csehi, Zoltán*: Gerhard Kegel (1912–2006) und sein Werk, in: Verein zur Förderung der Rechtswissenschaft (Hrsg.), Gerhard Kegel zum Gedächtnis, 2007, S. 35–64
4. *Grundmann, Stefan*: Nachruf für Gerhard Kegel, ZvglRWiss 105 (2006), S. 117–119
5. *Lagarde, Paul*: Gerhard Kegel zum Gedächtnis, Rev. crit. dr. i. p. 2008, S. 443 f.
6. *Huang*: Gerhard Kegel, Korea Private International Law Journal 12 (2006), XIII–XXI
7. *Krüger, Hilmar*: Gerhard Kegel (1912–2006), RabelsZ 71 (2007), S. 1–5
8. *Krüger, Hilmar*: Professor Kegel verstorben, Kölner Universitätsjournal 36 II (2006), S. 22
9. *Krüger, Hilmar*: Gerhard Kegel (1912–2006), in: Verein zur Förderung der Rechtswissenschaft (Hrsg.), Gerhard Kegel zum Gedächtnis, 2007, S. 65–70
10. *Mansel, Heinz-Peter*: Gerhard Kegel †, NJW 2006 S. 1109 f.; erweiterte Fassung in: Verein zur Förderung der Rechtswissenschaft (Hrsg.), Fakultätsspiegel Sommersemester 2006, S. 101–104
    Rumänische Übersetzung: In Memoriam Gerhard Kegel (1912–2006), in: Revista de drept international privat si de drept privat comparat 2006, 769–771
11. *Papoulias, Karolos*: Erinnerungen an Gerhard Kegel als akademischer Lehrer, in: Verein zur Förderung der Rechtswissenschaft (Hrsg.), Gerhard Kegel zum Gedächtnis, 2007, S. 71–76
12. *Schurig, Klaus*: Gerhard Kegel †, JZ 2006, S. 355 f.
13. *Schwind, Fritz*: Gerhard Kegel † (1912–2006), ZfRV 2006, S. 41
14. *Siefarth, Christof*: Nachruf Gerhard Kegel, DAJV Newsletter 31 (2006), S. 183

90. Geburtstag:

1. *Henrich, Dieter*: Gerhard Kegel zum 90. Geburtstag, IPRax 2002, S. 337
2. *Krüger, Hilmar / Mansel, Heinz-Peter*: Geleitwort der Herausgeber, Liber Amicorum Gerhard Kegel, 2002, S. VII f.
3. *Mansel, Heinz-Peter*: Gerhard Kegel zum 90. Geburtstag, NJW 2002, S. 1931 f.
4. *Meincke, Jens-Peter*: Gerhard Kegel zum 90. Geburtstag, JZ 2002, S. 602 f.

85. Geburtstag:

1. *Krüger, Hilmar*: Gerhard Kegel zum 85. Geburtstag, NJW 1997, S. 1759 f.
2. *Otto, Günter*: Prof. Dr. Dr. h.c. Gerhard Kegel zum 85. Geburtstag, StAZ 1997, S. 188 f.
3. *Schurig, Klaus*: Gerhard Kegel zum 85. Geburtstag, JZ 1997, S. 662 f.
4. *Siefarth, Christof*: Gerhard Kegel 85 Jahre, AnwBl 1997, S. 345 f.

80. Geburtstag:

1. Schurig, Klaus: Gerhard Kegel zum 80. Geburtstag, JZ 1992, S. 676 f.
2. *Otto, Günter*: Prof. Dr. Dr. h.c. Gerhard Kegel 80 Jahre alt, Rpfleger 1992, S. 241
3. *Musielak, Hans-Joachim*: Gerhard Kegel zum 80. Geburtstag, NJW 1992, S. 1668
4. *Lüderitz, Alexander*: Gerhard Kegel zum 80. Geburtstag, EuZW 1992, S. 387
5. *Stoll, Hans*: Gerhard Kegel zum 80. Geburtstag am 26.6.1992, IPRax 1992, S. 271
6. Gerhard Kegel 80 Jahre, ZIP 12/92, XII

75. Geburtstag:

1. *Gamillscheg, Franz*: Gerhard Kegel zum 75. Geburtstag, FamRZ 1987, S. 665–668
2. *Musielak, Hans-Joachim / Schurig, Klaus*: Gerhard Kegel zum 26. Juni 1987, Festschrift für Gerhard Kegel zum 75. Geburtstag 26. Juni 1987, S. 9–13
3. *Rehbinder, Manfred*: Gerhard Kegel zu Ehren, UFITA 108 (1988), S. 7
4. *Siefarth, Christof*: DAJV Newsletter 12 (1987), S. 39
5. Verein zur Förderung der Rechtswissenschaft (Hrsg.): Akademische Feier aus Anlass der Überreichung einer Festschrift zum 75. Geburtstag von Herrn Professor Dr. h.c. Gerhard Kegel, 26. Juni 1987, mit Beiträgen von *Wolfgang Rüfner, Klaus Schurig, Dieter Henrich, Hans Stoll* und *Fritz Schwind*

70. Geburtstag:

1. *Henrich, Dieter*: Zum 70. Geburtstag des Präsidenten des Deutschen Rates für Internationales Privatrecht Professor Dr. Gerhard Kegel, IPRax 1982, S. 214
2. *Jacobs, Rainer*: Gerhard Kegel zum 70. Geburtstag, NJW 1982, S. 1924
3. *Klinke, Ulrich*: ZvglRWiss 81 (1982), S. 326–329
4. *Krüger, Hilmar*: Gerhard Kegel zum 70. Geburtstag, StAZ 1982, S. 153 f.
5. *Lüderitz, Alexander*: Gerhard Kegel und das deutsche internationale Privatrecht, RabelsZ 46 (1982), S. 475–489
6. *Lüer, Hans-Jochem*: Gerhard Kegel 70 Jahre, ZIP 1982, S. 748 f.
7. *Schurig, Klaus*: Gerhard Kegel 70 Jahre, JZ 1982, S. 435

65. Geburtstag:

1. *Lüderitz, Alexander / Schröder, Jochen*: Internationales Privatrecht und Rechtsvergleichung im Ausgang des 20. Jahrhunderts – Bewahrung oder Wende? Festschrift für Gerhard Kegel, 1977, Geleitwort S. 7–9

Sonstiges:

1. Adomeit, Klaus: Gerhard Kegels Berliner Vortrag, IPRax 2007, S. 67
2. *Bucher, Eugen*: Gerhard Kegel – Vertrag und Delikt, Köln, 2001, ZEuP 2004, S. 854–858
3. *Henrich, Dieter*: Gerhard Kegel und der Deutsche Rat für Internationales Privatrecht, in: Verein zur Förderung der Rechtswissenschaft (Hrsg.), Gerhard Kegel zum Gedächtnis, 2007, S. 15–18
4. *Jacobs, Jürgen C.*: Gerhard Kegel und die Nordrhein-Westfälische Akademie der Wissenschaften, in: Verein zur Förderung der Rechtswissenschaft (Hrsg.), Gerhard Kegel zum Gedächtnis, 2007, S. 11–14
5. *Lüderitz, Alexander*: Gerhard Kegel, Juristen im Portrait, Festschrift zum 225jährigen Jubiläum des Verlages C.H. Beck, 1988, S. 454–460
6. *Mansel, Heinz-Peter*: Begrüßung im Namen des Instituts für internationales und ausländisches Privatrecht und im Namen der Rechtswissenschaftlichen Fakultät, in: Verein zur Förderung der Rechtswissenschaft (Hrsg.), Gerhard Kegel zum Gedächtnis, Köln 2007, S. 3–10
7. *Schurig, Klaus*: Das wissenschaftliche Werk Gerhard Kegels, in: Verein zur Förderung der Rechtswissenschaft (Hrsg.), Gerhard Kegel zum Gedächtnis, 2007, S. 19–30
8. *Westerhoff, Rudolf*: RabelsZ 68 (2004), S. 563–567

Schriftenverzeichnis von Alexander Lüderitz

A. Monographien, Kommentierungen

1. Kumulation und Grundsatz des schwächeren Rechts im internationalen Privatrecht, Diss. Köln 1957, 219 S.
2. Auslegung von Rechtsgeschäften. Vergleichende Untersuchung angloamerikanischen und deutschen Rechts, Karlsruhe 1966, Habil. Köln, 568 S.
3. Ausforschungsverbot und Auskunftsanspruch bei Verfolgung privater Rechte, 1966, 48 S.
4. Fälle und Texte zum Schuldrecht, zusammen mit Wolfgang Frhr. Marschall von Bieberstein, 3. Aufl. 1969, 187 S.
5. Fälle und Texte zum Schuldrecht, zusammen mit Wolfgang Frhr. Marschall von Bieberstein, 4. Aufl. 1979, 212 S.
6. Fälle und Texte zum Schuldrecht, zusammen mit Wolfgang Frhr. Marschall von Bieberstein, 5. Aufl. 1986, 282 S.
7. Entscheidungssammlung für junge Juristen: Familien- und Erbrecht. Ausgewählte Entscheidungen mit erläuternden Anmerkungen, 1971, 248 S.
8. Adoption – Vorschläge zur Auslegung und Änderung des Rechts der Annahme an Kindes statt, 1972, 119 S.
9. Studienkommentar zum BGB, Erstes bis Drittes Buch, §§ 241–248, 256–419, 433–534, 779 BGB, §§ 8–11, 23, 24 AGBG, 1975
10. Studienkommentar zum BGB, Erstes bis Drittes Buch, §§ 241–248, 256–419, 433–534, 779 BGB, §§ 8–11, 23, 24 AGBG, 2. Aufl. 1979
11. Münchener Kommentar zum BGB, Band 5, Familienrecht, §§ 1741–1772 BGB, 1. Aufl. 1978
12. Münchener Kommentar zum BGB, Band 5, Familienrecht, §§ 1741–1772 BGB, 2. Aufl. 1987
13. Münchener Kommentar zum BGB, Band 5, Familienrecht, §§ 1741–1772 BGB, 3. Aufl. 1992
14. Soergel, Bürgerliches Gesetzbuch, Band 8 Einführungsgesetz, Rn. 197–323 vor Art. 7, Art. 7 Anhang Rn. 28–38, Art. 12 EGBGB, 11. Aufl. 1984
15. Soergel, Bürgerliches Gesetzbuch, Band 3, Schuldrecht II, EKG, EAG und UN-Kaufrecht, 12. Aufl. 1991
16. Soergel, Bürgerliches Gesetzbuch, Band 10, Einführungsgesetz, Art. 10 Anh., Art. 21–23, 38, 38 Anhang I, II EGBGB, 12. Aufl. 1996

17. Soergel, Bürgerliches Gesetzbuch, Band 12, CISG, 13. Aufl. 1999
18. Soergel, Bürgerliches Gesetzbuch, Band 13, CISG, 13. Aufl. 2000
19. Internationales Privatrecht, 1. Aufl. 1987, 230 S.
20. Internationales Privatrecht, 2. Aufl. 1992, 216 S.
21. Familienrecht, begründet von Günther Beitzke, 26. Aufl. 1992, 444 S.
22. Familienrecht, begründet von Günther Beitzke, 27. Aufl. 1999, 516 S.

B. Herausgeberschaft

1. Internationales Privatrecht und Rechtsvergleichung im Ausgang des 20. Jahrhunderts. Bewahrung oder Wende?, FS Kegel, 1977

C. Beiträge in Festschriften und Sammelwerken

1. Empfiehlt es sich, Gründe und Folgen der Ehescheidung neu zu regeln?, Deutscher Juristentag 48, 1977, Gutachten B, S. 1–122
2. Einstweilige Sicherung des Unterhalts nichtehelicher Kinder (§ 641 d ZPO), in: FS für Friedrich Wilhelm Bosch zum 65. Geburtstag, 1976, S. 613–625
3. Anknüpfung im Parteiinteresse, in: Internationales Privatrecht und Rechtsvergleichung im Ausgang des 20. Jahrhunderts. Bewahrung oder Wende?, FS Kegel, 1977, S. 31–54
4. Kodifikation des Bürgerlichen Rechts in Deutschland 1873 bis 1977: Entstehung, Entwicklung und Aufgabe, Vom Reichsjustizamt zum Bundesministerium der Justiz, FS zum 100jährigen Gründungstag des Reichsjustizamts, 1977, S. 213–261
5. Hauptfragen internationalen Adoptionsrechts, FS für Günther Beitzke zum 70. Geburtstag, 1979, S. 589–606
6. Prinzipien im internationalen Vertretungsrecht, Europäisches Rechtsdenken in Geschichte und Gegenwart, FS für Helmut Coing zum 70. Geburtstag, 1982, S. 305–321
7. Verbraucherschutz im internationalen Vertragsrecht – ein Zuständigkeitsproblem, Ius inter nationes, FS für Stefan Riesenfeld aus Anlass seines 75. Geburtstages, 1983, S. 147–163
8. Die Überarbeitung des deutschen Schuldrechts im Lichte internationaler Erfahrungen, insbesondere in den Niederlanden, FS für Heinz Hübner zum 70. Geburtstag, 1984, S. 593–610
9. Missbräuchliche Personenstandsänderung oder: spouse-leasing in Germany, FS für Dietrich Oehler zum 70. Geburtstag, 1985, S. 487–498

10. Produzieren in und unter fremden Namen – Zurechnungskriterien in der deutschen und US-amerikanischen Produkthaftpflicht, FS für Klemens Pleyer zum 65. Geburtstag, 1986, S. 539–554
11. Internationales Privatrecht im Übergang. Theoretische und praktische Aspekte der deutschen Reform, FS für Gerhard Kegel zum 75. Geburtstag, 1987, S. 343–363
12. Gerhard Kegel, Juristen im Portrait, Festschrift zum 225jährigen Jubiläum des Verlages C.H. Beck, 1988, S. 454–460
13. Fortschritte im deutschen internationalen Privatrecht, FS der Rechtswissenschaftlichen Fakultät zur 600–Jahr-Feier der Universität zu Köln, 1988, S. 271–292
14. Wechsel der Anknüpfung im bestehenden Schuldvertrag, FS für Max Keller zum 65. Geburtstag, 1989, S. 459–471
15. Gefährdung und Schuld im Produkthaftpflichtrecht – Versuch einer Synthese, FS für Kurt Rebmann zum 65. Geburtstag, 1989, S. 755–769
16. „Talâq" vor deutschen Gerichten, FS für Gottfried Baumgärtel zum 70. Geburtstag, 1990, S. 333–348
17. Design defect – Einheit oder Vielfalt der Ansprüche?, Europarecht, Energierecht, Wirtschaftsrecht, FS für Bodo Börner zum 70. Geburtstag, 1992, S. 763–778
18. Das Ärgernis der Erwachsenenadoption, FS für Joachim Gernhuber zum 70. Geburtstag, 1993, S. 713–724
19. §§ 1611, 1618a BGB: Plädoyer für eine Kooperation zwischen Eltern und Kindern, FS Hans Friedhelm Gaul zum 70. Geburtstag, 1997, S. 411–423
20. La famille nourricière en Allemagne, in: Pousson-Petit, L'enfant et les familles nourricières en droit comparé, 1997, S. 283–294
21. Menschenrechte und Privatrecht, in: Menschenrechte und Zivilrecht, hrsg. von Hans-Leo Weyers, Baden-Baden 1999, S. 9–40

D. Beiträge in Zeitschriften und Jahrbüchern

1. Die Belegenheit von Forderungen nach dem deutsch-österreichischen Vermögensvertrag, JZ 1961, 443 ff.
2. Ehrenschutz im internationalen Privatrecht, NJW 1962, 2142 ff.
3. (zusammen mit Gerhard Kegel) Hindernis des Bandes für Ausländer trotz Scheidung in Deutschland?, FamRZ 1964, 57 ff.
4. Anwendung ausländischen Rechts bei Ehescheidungen, NJW 1965, 38 ff.
5. Der Einfluß des Armenrechtsverfahrens auf den Lauf der Rechtsmittelfrist, ZZP 78 (1965), 131 ff.

6. Zur Reform des Verfahrensrechts in Kindschaftssachen, FamRZ 1966, 613 ff.
7. Recht von anonymen Richtern?, AcP 1968, 329 ff.
8. Der weiße Chevrolet (Methodik der Fallbearbeitung), JuS 1970, 182 ff.
9. Erneut: Gleichberechtigung im internationalen Eherecht, FamRZ 1970, 169 ff.
10. Übertragung der elterlichen Gewalt an beide Elternteile nach Scheidung?, FamRZ 1971, 625 ff.
11. Grundgesetz contra Internationales Privatrecht?, RabelsZ 36 (1972), 35 ff.
12. Sind Amtsträger Erfüllungsgehilfen? Ein Beitrag zur funktionsgerechten Beschränkung der Haftung aus § 278 BGB, NJW 1975, 1 ff.
13. The legal position of children after divorce in Germany, The Child and The Law 1975, 195 ff.
14. Die Rechtsstellung ehelicher Kinder nach Trennung ihrer Eltern im künftigen Recht der Bundesrepublik Deutschland, FamRZ 1975, 605 ff.
15. Das neue Adoptionsrecht, NJW 1976, 1865 ff.
16. Erbvertragliche Verfügungen von Todes wegen eines belgischen Staatsangehörigen, (Rechtsgutachten des Instituts für internationales und ausländisches Privatrecht der Universität zu Köln vom 28.9.1976), MittRhNotk 1976, 543 ff.
17. Prinzipien des Vertretungsrechts, JuS 1976, 765 ff.
18. Empfehlungen zur Ersten Staatsprüfung in den Wahlfächern, JuS 1977, 706 f.
19. Neues elterliches Sorgerecht. Gedanken zum Alternativentwurf der Familienrechtskommission des Juristinnenbundes zur Neuregelung des Rechts der elterlichen Sorge, FamRZ 1978, 475 ff.
20. Eheliche Sorge als privates Recht, AcP 178 (1978), 263 ff.
21. Sittenwidrige Entscheidungen der freiwilligen Gerichtsbarkeit, NJW 1980, 1087 ff.
22. Niederländisches internationales Adoptionsrecht – Chancen und Grenzen von Richterrecht, RabelsZ 45 (1981), 604 ff.
23. Problemfelder des Adoptionsrechts, FamRZ 1981, 524 ff.
24. Gerhard Kegel und das deutsche internationale Privatrecht, RabelsZ 46 (1982), 475 ff.
25. Zur Rechtsanwendung hinsichtlich der Scheidungsfolgen bei einer gemischt-nationalen Ehe, JZ 1984, 141 f.
26. La condition des étrangers en droit privé allemand – quelques aspects, Annales de la Faculté de Droit et des Sciences politiques, Paris 1985–1986, 85 ff.
27. Probleme, die sich aus der Anerkennung einer Konkurseröffnung im Ausland für das Inland ergeben (Inlandsklage nach Konkurseröffnung, Aufrechnungsbefugnis), JZ 1986, 96 f.

28. Die Ehescheidung nach dem Gesetz zur Neuregelung des Internationalen Privatrechts, IPRax 1987, 74 ff.
29. Zur Frage, ob sich die erbrechtlichen Wirkungen einer im Ausland erfolgten Adoption nach dem Erbstatut oder nach dem Adoptionsstatut richten, FamRZ 1988, 881 f.
30. Wende in der amerikanischen Arzneimittelhaftung?, RIW 1988, 782 ff.
31. Ein Haustürgeschäft über Haustüren: Deutsch-französischer Justizkonflikt wegen Bagatellen (zu LG Rottweil, 8.12.1986, Az. 4 O 865/86 und Trib. Gr. Instance Strasbourg, 10.9.1987, Az. J 21 001/86), IPRax 1989, 25 ff.
32. Eilige Mängelrüge trotz großzügiger Zahlungsfristen?, IPRax 1990, 162 ff.
33. Internationaler Verbraucherschutz in Nöten, IPRax 1990, 216 ff.
34. Verbot von Kinderhandel und Ersatzmuttervermittlung durch Änderung des Adoptionsvermittlungsgesetzes, NJW 1990, 1633 ff.
35. Sammelrezension über „Die deutsche Rechtsprechung auf dem Gebiete des Internationalen Privatrechts 1985–1987", RabelsZ 54 (1990), 592 ff.
36. Gesetzliche Klarstellungen im Adoptionsrecht, NJW 1993, 1050 ff.
37. La transmission à cause de mort de l'entreprise familiale en droit allemand, L'entreprise familiale en Europe 1994, 187 ff.

E. Sonstiges

1. 17 Buchrezensionen und 13 Entscheidungsanmerkungen, Nachweise in In Memoriam Alexander Lüderitz, Gedächtnisschrift für Alexander Lüderitz, 2000, S. 866–868
2. Zahlreiche Gutachten zum internationalen und ausländischen Privatrecht, Nachweis in In Memoriam Alexander Lüderitz, Gedächtnisschrift für Alexander Lüderitz, 2000, S. 866

F. Nachrufe

1. *Gerhard Kegel*: Alexander Lüderitz †, NJW 1998, 3031
2. *Haimo Schack*: Alexander Lüderitz, IPRax 1999, 58
3. *Haimo Schack*: In Memoriam Alexander Lüderitz, Gedächtnisschrift für Alexander Lüderitz, 2000, V f.
4. Verein zur Förderung der Rechtswissenschaft (Hrsg.): Alexander Lüderitz zum Gedächtnis – Reden anlässlich der Akademischen Gedenkfeier für Herrn Professor Dr. Dr. h.c. Alexander Lüderitz am 4. Juli 2000, Köln 2000, mit Beiträgen von *Ulrich Hübner*, *Jens Peter Meincke*, *Gerhard Kegel*, *Heinz-Peter Mansel*, *Haimo Schack* und *Uwe Blaurock*

Autorenverzeichnis

Deniz Deren

Wiss. Hilfskraft am Institut für internationales und ausländisches Privatrecht der Universität zu Köln

Lena Krause, LL.M.

Wiss. Mitarbeiterin am Institut für internationales und ausländisches Privatrecht der Universität zu Köln

Tobias Lutzi, LL.M.

Stud. Hilfskraft am Institut für internationales und ausländisches Privatrecht der Universität zu Köln

Prof. Dr. Heinz-Peter Mansel

Direktor des Instituts für internationales und ausländisches Privatrecht der Universität zu Köln

Prof. Dr. Karsten Otte, M.C.J.

apl. Professor an der Universität Mannheim
Leiter der Abteilung Eisenbahnregulierung der Bundesnetzagentur in Bonn

Prof. Dr. Haimo Schack, LL.M.

Direktor des Instituts für Europäisches und Internationales Privat- und Verfahrensrecht der Christian-Albrechts-Universität zu Kiel

Prof. Dr. Klaus Schurig

emeritierter Ordinarius für Bürgerliches Recht, Internationales Privatrecht und Rechtsvergleichung an der Universität Passau